心の中の悪魔

社会的に望ましくない
性質の研究

Kiire Satoru 喜入暁 著

フォレスト出版

まえがき

より豊かな生活を送るために、あえてダークな心を覗き込む

セクハラ、パワハラ、裏切り、嘘、マウンティング……私たちは人間関係を通してさまざまな嫌な思いをしますし、もしかしたらさせているかもしれません。

自分が味方だと信じていた友人が実は敵だったり、苦楽を共にしてきた同僚が簡単に自分のことを見捨てたりといったことは、物語やマンガだけの話ではなく、むしろみなさんも少なからず経験してきた事実ではないでしょうか。

あるいは、自分自身がそうだったかもしれません。味方のふりをして近づいて、情報を引き出したら、あとはお払い箱にしたり、今まで仲良くしていたという過去があっても、同情や躊躇《ちゅうちょ》なく、自分にメリットがないと思えば、その人物を容赦なく切り捨ててきたかもしれません。

このようなダークな人間関係などないに越したことはないのですが、そうもいきません。それであれば、少なくともそのようなダークな問題を起こしがちな人を先に見破ったり、自分のダークな行動を制御するような内省ができれば、今より少しは豊かな気持ちで

日常生活を過ごせるはずです。

ダークな人間関係や行動が引き起こされる要因には、そのときの状況や関係性などさまざまなものが挙げられますが、その人自身の個人特徴、いわゆる性格（パーソナリティと呼ばれます。本書でもパーソナリティと表記します）[1]も大きな要因の1つです。

人間関係や社会にとっての負の側面と、それに関連するパーソナリティの研究は、心理学の一大テーマですし、これまでも多くの研究がなされてきました。どんな人が不安になりやすいのか、落ち込みやすいのか、怒りやすいのか、感情を押し込めやすいのか……、などです。

しかしその中でも、先ほど挙げたダークな人間関係を形成しがちだったり、社会的な問題行動や迷惑行為をとりがちな人に共通する特徴として、3つのパーソナリティが注目を集めています。そして、この3つのパーソナリティをまとめてダークトライアド（Dark Triad）と呼び、包括的に扱った研究が活発に進められたのは、2010年代以降と比較的最近のことです。

個別の3つのパーソナリティとしてはこれまでも研究されてきたのですが、ダークトライアドという形で3つのパーソナリティやその共通点・相違点に注目すると、ダークな人間関係や社会的な問題行動・迷惑行為を、どんな人が、なぜとり得るのか、ということがより精細にわかり、あるいは新しい発見が生まれました。つまり、ダークトライアドという概念が、さまざまな問題を解くカギになりそうだということです。

本書では、このような現状に鑑み、現在進行形で活発に研究が進められている最新テーマの1つであるダークトライアドと、その心理・行動パターンとの関連を紹介します。学術的に明らかにされた研究知見を、論文を通して理解することは専門家でもなければなかなか困難です。そのため、本書を通してできるだけそのような研究知見を簡単にわかりやすく紹介し、読者のみなさんの生活の豊かさに少しでも貢献できればと考えています。

筆者自身も、ダークトライアドの研究を通して意図せず自己理解が進んだようです。

筆者がダークトライアドというテーマに飛びついたのは2014年前後で、当時は大学院生でした。ダークトライアドの研究も黎明期《れいめいき》から全盛期に至るくらいの時期だといえるでしょう。後ほどカミングアウトしますが、筆者自身もダークトライアドの傾向がやや

1　パーソナリティ（personality）は日本語では「性格」「人格」と訳される。しかし、これらの日本語は「性格が良い」「人格者」など、価値や善悪が付与されることがある。パーソナリティは本来は個人差のある特徴を示すもので、それ以上も未満もない。いわば身長や体重そのものが価値や善悪（好き嫌い）とは無関係であることと同様である。また、心理の個人差は性格にとどまらず、態度や価値観、考え方など、目に見えない心のはたらき全般に生じる。このような、心理の個人特徴を包括的にパーソナリティととらえることもある。そのため、本書でもパーソナリティという言葉を使いたい。

高く、それによる問題も起こしてきましたし、おそらく自分自身でも気づいていない問題行動もとっているでしょう。しかし、ダークトライアドに関する研究を10年も続けると、否応なく自分自身と向き合うことになりますし、それによって少なくとも自分のことを意図的に制御できるようになり、以前より豊かな生活を送ってい（ると思い）ます。「人（知見）のふり見て我がふり直せ」ということですね。

まえがきとしてはとりとめもない形になりましたが、本書を読むことで、客観的な視点から自分自身や人間関係を見つめ直すことにつながれば幸いです。言い換えれば、自分の在り方を変えたり、人間関係を変えたりするといったことは二の次だと考えています。何かを変えたり、そのためのシステムを構築するにはまた他の専門家や組織の助けが必要になるでしょう。

本書では、善悪や「〇〇すべき」ということには言及せず、事実と視点を伝えることに主眼を置きたいと思います。

心の中の悪魔　もくじ

第2章

3人の悪魔とその仮面の下

第3章 悪魔合体した一体の悪魔ダークトライアド

第4章 4人目の悪魔？ サディズムについて

第5章 他人や自分の悪魔の見抜き方

第6章 悪魔の飼い慣らし方

ブックデザイン　山之口正和＋永井里実（ＯＫＩ－ＫＡＴＡ）
イラスト　コジマコウヨウ
図版作成　富永三紗子
本文デザイン・ＤＴＰ　フォレスト出版編集部

第1章

そもそも
ダークトライアド
とは何か？

▼社会的・対人的な問題を起こしがちなパーソナリティ

「ダーク」というワードは一般的ですが、「トライアド」は少しなじみがないかもしれません。これは英語で"Triad"と表記します。トライアングルのトライ（アド）です。つまり、「3」とか「3つ組み」とか、そのような意味です。

ダークというワードと合わせると、闇の3つ組みとでも言いましょうか。なんとも中二《ちゅうに》心《ごころ》がくすぐられるネーミングです。中身は単純で、ダークな3つの性格（マキャベリアニズム、ナルシシズム、サイコパシー）の要素のことを、「ダークトライアド」と呼び、研究が進められています。

本来、研究というものは「良い・悪い」の価値判断とは異なる次元で進められるものです。「良い・悪い」の判断は「好き・嫌い」と同様に主観的な評価です。しかし、研究は客観性を担保しなければなりません。したがって、パーソナリティを研究する場合は、「○○な人は性格が良い」「△△な人は性格が悪い」という判断ではなく、「○○な人は□□な傾向がある」「△△な人は◇◇な傾向がある」というような評価をします。

しかしながら本書で扱うパーソナリティは、学術的な専門用語として「ダーク」という、最初から明らかにネガティブな印象（価値）が付与されている言葉なので矛盾を感じる向きもあることでしょう。

ひとまず、事実と価値判断（良い・悪い）を切り分けて考えてください。たとえば、身長を例に挙げてみると、私は男性で身長が160センチメートルとかなり低く、コンプレックスを抱くところですが、160センチメートルという事実は事実でしかなく、良いとか悪いとかの価値判断や、好き・嫌いの判断などとはまた別問題ですよね。専門用語としての「ダーク」は、事実を示す用語だと考えてください。

それでは、「学術的に」ダークなパーソナリティとは、どのように定義されているのでしょうか？

結論から言えば、「社会的・対人的な問題を起こしがちなパーソナリティ」として扱われています。たとえば、社会システム上の非常識な行動・思考傾向だったり、法に触れるような行動傾向などがそれにあたります。

つまり、「ダークなパーソナリティ」は、「（価値としての良い・悪いは置いておいて）社会的な問題を起こしたり、人に嫌われがちなパーソナリティ」と考えて差し支えありません。あくまで、善悪の価値判断が付与されるものではない、という点が重要です。

図1　ダークトライアドの概念図

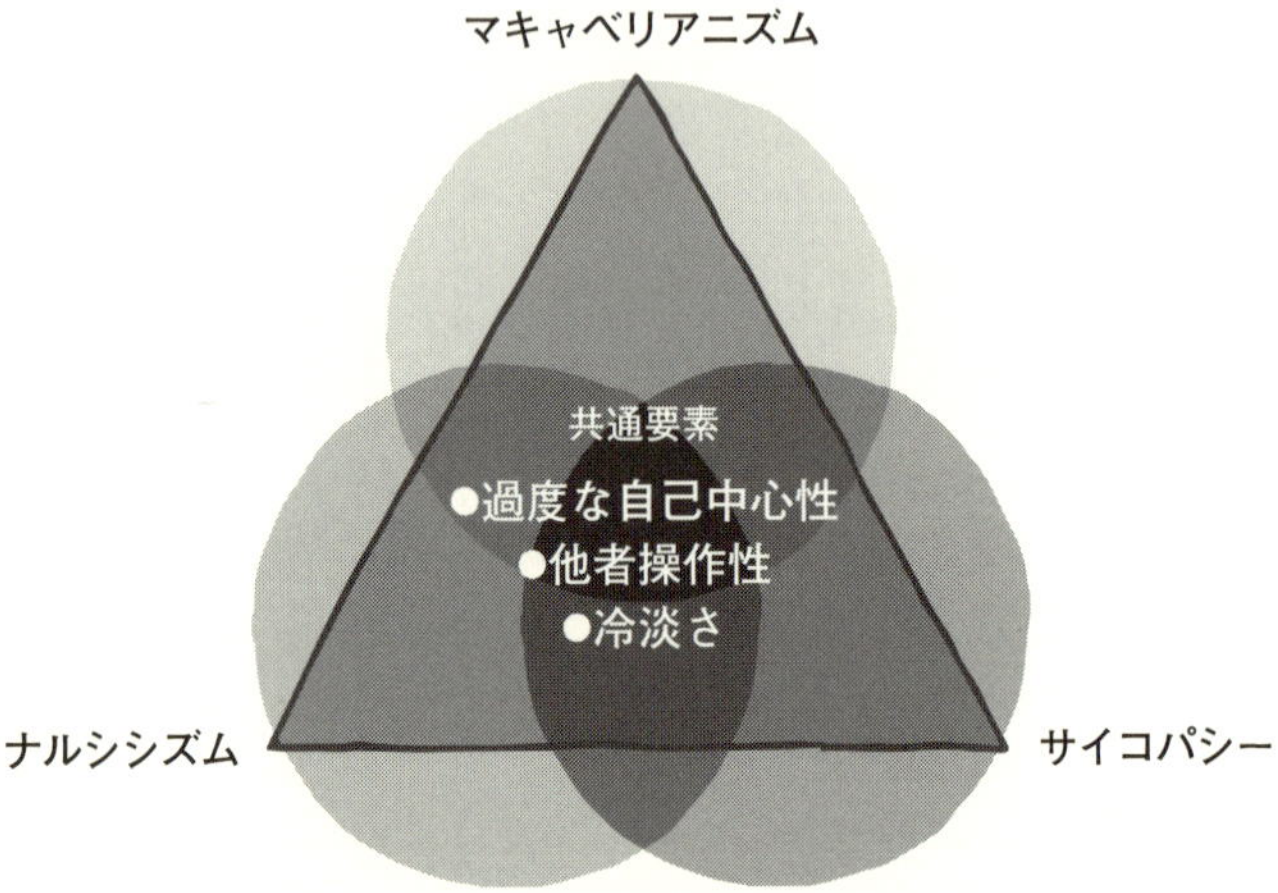

後述しますが、ダークトライアドを構成する3つのパーソナリティは、もともとは別々に研究されていました。ではなぜ、これらがダークトライアドとして、まとめて研究されるようになったかというと、それぞれのパーソナリティに共通する次の3つの特徴があることが発見されたからです。(Paulhus, 2014)（図1）。

●過度な自己中心性。
●他者操作性。
●冷淡さ。

これらの共通要素を核とし、目に見える行動パターンとしては、嘘をついたり他者をだましたり、他者の迷惑を顧みず自分勝手な行動をとったり、人や動物、モノに対する物理的・精神的な攻撃性を示します。

また、このような共通要素があるということは、ダークトライアドのうちのいずれか1つが高ければ、他の2つも高い傾向を示しやすい、ということを意味します。この3つの特性がそれぞれ高い人は、「ダークトライアドが高い人」と評価できるでしょう。

一方で、各ダークトライアドの特有性も示されています。また、ダークトライアドの中でも1つだけが高く、他の2つが低い(あるいは2つだけが高く1つは低い)ということももちろんあり得ることです。そのような場合は、ダークトライアドが高いというよりも、それぞれの特徴が高いというふうにとらえるほうが正確でしょう。

では、それぞれをざっくりと見ていきましょう。

目的達成のためには手段を選ばない

マキャベリアニズムの特有性

マキャベリアニズムは、自分の目的達成(富・名声・地位といった、社会的ステータス)のために、人の気持ちや他者からの自己の見られ方は度外視して、「合理的(合目的、独善的)な」

手段を冷徹に遂行する、という次のような行動パターンが示されます。

●戦略的他者操作性：目的達成のために意識的な思考・熟慮に基づき他者を合理的に動かす傾向。

●シニカルな世界観：他者や世界はネガティブで無価値なもの、あるいは「ふん、こんな世界なんかどうせ……」のような斜に構えた見方。

●道徳観の軽視：道徳的であるということは自分の目的のために無視しても差し支えないささいなどうでもいいもの、というような感覚。加えて他者に対する疑いや敵意、ステータスや支配の欲求などを示す。

たとえば、会社の中で高い地位を得るために誰にどのようにゴマをすればいいのか、誰を排除し、誰を無視しても差し支えないのかなどを意識的に考え、実行します。

重要な点は、その場の雰囲気でなんとなくゴマをするのではなく、相手を見極め計画的に行うという点です。専門用語では戦略的操作性などと呼ばれます。学校の中でも、ナメていい先生と仲良くしておいたほうがいい先生を意識的に区別し、かつ実際に先生によって態度や行動を使い分けていた人もいたのではないでしょうか。

この先生ならタメ口をきいてもいいだろう、授業中に寝ててもいいだろう、ちょっとくらい遅刻してもいいだろう、というものから、もらったプリントを紙飛行機にして授業中に飛ばしてみよう、などもあったかもしれません。

一方で、怒られたくなかったり、成績や自分の評価に関係する先生、たとえば、非常に厳しい体育教師や部活動・サークルなどの顧問の先生の担当授業はまじめに受けたりしていたかもしれません。

もちろん、会社内で人によって態度を変えたり、先生によって授業への取り組みが異なることはある程度は私たちに普通に見られる現象です。マキャベリアニズムが高い人は、このような傾向を特に示しがちな人だと考えてください。

また、このような傾向を一貫して示す人は、他者はすぐ裏切るものだと考えていますし、そのため他者を本気で信用したりすることはあまりありません。そしてそんな世界にはもちろん価値など見いだされません。このようなシニカルな世界観も相まって、道徳ももちろん無価値なものだととらえ軽視します。たとえば、自分が他者を裏切ったり、ちょっとくらいずるしても、こんな無価値な世界なので、だからどうということはないのです。

▼いつでも自分が主役感覚　ナルシシズムの特有性

ナルシシズムは、次のように他者に認められ、讃《たた》えられることへの欲求ですので、必然的にそれを行ってくれる他者が周囲に存在していることが必要です。

●**誇大性：**自分はすごい！　という根拠のない、あるいは根拠以上の感覚。
●**特権意識：**他の人が許されないことでも自分には許されるしそれは当然である、という感覚。
●**自己顕示性や注目・賞賛欲求：**自分の素晴らしさを過剰にアピールし、注目され、賞賛されたいし、されるべきだという感覚。

マキャベリアニズム（およびサイコパシー）が高い人が、自分以外の存在（他者や集団）を眼中に入れなかったり無視しがちである一方で、ナルシシズムが高い人は他者や集団に溶け込もうとしたり、関わったりする傾向が特徴的な行動パターンとして示されます。

ただし、このような他者はあくまで自分を相対的に引き立てる役目を果たす手段といえます。したがって、いわゆる「仲間関係」というよりも、「下に見る対象」「取り巻き・支持者」という側面が強いのです。事実、ナルシシズムが高い人は他者との関係性を求める一方で、他者をダシにして自分を優位に見せるといった行動が見られ、それがダークトライアドの共通要素である過度な自己中心性、他者操作性、冷淡さ（他者のことはどうでもいい）に反映されています。

たとえば、会話で自分のことしか、しかも自慢話ばかり話すような人や、（話をおもしろくして場を盛り上げるためではなく自分のすごさをアピールするために）話を盛る人などはよくいると思います。あるいは、誰かの成功談などを聞くとそれにかぶせて、もしくはカットインして「僕（私）もね、……」など、いわゆるマウントをとってくる人もいます。だいたいこういうときにぶっこまれた話の内容は、今の会話の流れからすると的外れだったりするのですが、マウントをとったり話を盛って自分のアピールに必死でそのことに気づいていなかったりします。

また、他人をネタにしたアピールもよくあります。まわりを下げることで自分を上げるやり方です。さらに、このような人々は、自分は他人をネタにしてもいいけど他の人に自分がネタにされるのはけしからん！　と思っていたりします。

もちろん、このような行動は日常生活で目にすることではありますが、ナルシシズムが高い人は特にこのような行動を示しやすいです。

実は、私もナルシシズムの傾向が平均に比べて少し高めです。なんとなく根拠なく自分はできると思っていたり、これまでの成功体験をことあるごとに話してしまいます。まわりの人やもっとすごい人たちは、おそらくこの光景を冷ややかな目で見ていることでしょう。

ただ、いい歳をした大人相手にわざわざ注意したり諌《いさ》めてくれる人も稀ですし、自覚して制御しないと損をするのは自分です。どのように制御しているのかは、第6章で語らせていただけたらと思います。

ナルシシズムの「脆弱性」

一方で、ナルシシズムにはこのような誇大的な側面に基づくもののほかに、「他者の目を過度に気にする」という性質もあります。これらは「脆弱性《ぜいじゃくせい》」と呼ばれます。自分への注目がなされないと不安になってしまったり、過度に注目を集めようとある意味悲劇のヒーロー、ヒロインを気取ったりするのです。

もちろん、自分はダメなやつなんだ、とはなりません。「自分は本来幸せなはずなのに、

図2　ナルシシズムの2つの構成要素

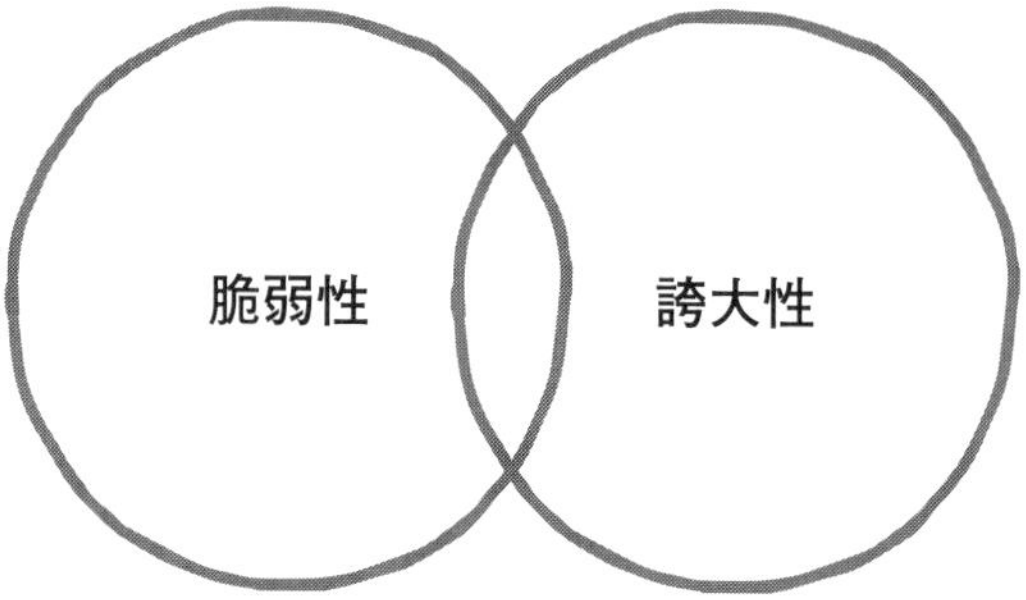

誇大性が高いナルシストもいれば、脆弱性が高いナルシストもいて、
もちろん両方高いナルシストも存在する。
ダークトライアドの枠組みの中では、
ナルシシズムの特有性は誇大性に注目して研究が進められている。

この世界はなんて残酷なんだろう」のように、あくまで自分は認められるべき存在であり、そのように扱ってくれないまわりが酷い、という感覚です。

　読者のみなさんの中にはこのような人と関わった人もいるでしょう。不幸話（主に自分はすごいし正しいのに不当に扱われている）をするのですが、それは「そんなことないよ、君はすごいよ！」待ちだったり、ちょっとした失敗やイジリでもむきになって否定したりする人はあるあるですよね。

　もちろん、このような一行動だけでナルシシズムの脆弱性が高いとは言えません。ナルシシズムの脆弱性が高い人はこのような傾向を全般的に示しがちで、状況にかかわらず一貫していることが特徴です。

ただ、ナルシシズムが高いことイコール誇大性と脆弱性のいずれもが高いとはなりません。誇大性と脆弱性はそれぞれナルシシズムの別の側面で、どちらも高い人もいれば、どちらか一方のみが高い人もいます。ただ、ダークトライアドの枠組みでは、「自分はすごい」という誇大性が注目され、脆弱性はおざなりにされているのが現状です（図2）。本書で紹介する「ナルシシズムと○○の関連」は、主にナルシシズムの誇大性と○○の関連だと考えてください。

つまり、ナルシシズムの脆弱性だけが高い人に関しては、ダークトライアドの枠組みにおいては、さまざまなことがまだ明らかになっていない状況です。

▼後先考えず、無責任に刺激を求める　サイコパシーの特有性

サイコパシーはダークトライアドとして扱われる場合と単独で扱われる場合で少し様子が変わってきます。これは、ダークトライアドの枠組みにおけるナルシシズムの誇大性と

脆弱性の関係よりももっと重大です。ダークトライアドとして注目されるナルシシズムの誇大性は、ナルシシズムの核とも言えます。しかし、ダークトライアドとして注目されるサイコパシーは、サイコパシーの核というより副次的な側面です。

ひとまず、ダークトライアドという枠組みでの扱いについて紹介しましょう。

●**衝動性や刺激の追求**：退屈しがちで、たとえその行為が後で問題になってしまうとしても、後先考えずに実行してしまう傾向。

●**反社会的傾向**：法的・道徳的なルール違反や、すぐ手が出たり他者に物理的な害をもたらしがちな傾向。

飽きっぽく、それゆえ新たな刺激やスリルを求めがちです。また、そのような欲求はその場で突然生じるものであることが多いのですが、もちろんその欲求を満たすことにはリスクを伴うこともあります。たとえば、コンビニに入ってなんとなく欲しい商品を盗ってみる、などです。

サイコパシーが高い人はこのような状況で、その行動の結果や他者からの見られ方などを考えず、さらには自分がどうなるかということも考えずに衝動的に実行する傾向が示されます。

他者を度外視して欲求を満たす行動をとる点ではマキャベリアニズムと共通しますが、サイコパシーはマキャベリアニズムとは異なり、欲求と実行との間に「他者のことを考慮したうえで自己の目的に利用したり、無視する」というプロセスはありません。そもそも「考慮する」プロセスが抜け落ちていると考えるとわかりやすいでしょう。したがって、犯罪行為などの道徳的観念や倫理観に欠けた、明らかにその後まずいことになるような行動でも、サイコパシーが高い人は低い人に比べて衝動的にとりがちです。

会社で、なんとなく機嫌が悪いだけで部下にあたる上司や、退屈しのぎに上司をおちょくる部下などと関わった人もいるかもしれません。

あるいは、学生のとき、今まで仲良くしていた友人とちょっとした悪事を働き、しかしそれがバレたときに、まるで今日・昨日くらいの付き合いだったかのように躊躇《ちゅうちょ》なく友人を裏切ったり、その人のせいにして自分は罪を逃れようとする、という人もいたかもしれません。

日常的にコンビニからものを盗んでいたり、ちょっとしたことでものを壊したり暴力をふるったりするような人がいたかもしれません。

これらはサイコパシーが高い人の特徴ですが、特に、「そのあとどうなるかなんてわざわざ考えない」「気がつけばこういうことをしている」という点が重要です。また、その結果失敗したとしても、「まあいいか」などのように開き直り、反省しません。

ただし、このようなサイコパシーに特徴的な行動ももちろん、普通の人においてもある程度日常で見られることもあります。

気分屋で感情が顔に出やすかったり、ちょっとだけモノの扱いが乱暴になる人もいます。日々の課題や任務に退屈したり飽きる人もいます。言ってはいけない秘密をポロッと言ってしまったり、「今はその行動じゃないだろう」という空気の読めない行動をパッとしてしまう人もいます。

サイコパシーが高い人は特にこのような行動をとりがちで、一時的に反省したとしても、その失敗はすぐに頭の片隅に追いやられたり、忘れられてしまう傾向が強いという特徴もあります。

筆者もサイコパシーが平均値よりも少し高く、飽きっぽく、刺激を求めがちです。なんとなく気分が高まってお酒を飲んで前後不覚に陥るとか、そのときは「もう飲まないぞ」と心に決めても次の日にはまた飲んだくれる、なんてこともあります。もちろん、このような傾向だけでサイコパシーが高いと判断できるものではありませんが、サイコパシーが高い人はこのような傾向を示しがちです。

ただし、以上のようなダークトライアドとして扱われた場合のサイコパシーの特有性は、実はこれまで研究されてきた「サイコパシー」概念の中では副次的な側面であり、本質的なサイコパシーのコアではありません。そこで念のため、サイコパシーとして研究されてきた概念の紹介とダークトライアドとして扱われたときの矛盾についても触れておきましょう[1]。

▼サイコパシーの2つの要素と反社会性パーソナリティ

学術的に、サイコパシーの概念は2つの要素で構成されています（ただし、現在は3要素を仮定する新たな概念的枠組みなど、多様なモデルが提案されています）。

サイコパシーの一次的な特徴（PP）――対人／情動的側面

1つは冷淡さ・他者操作性などの側面であり、「対人／情動的側面」と呼ばれたりします。

この側面には、口先のうまさ、誇大な自己価値観（ナルシシズムのような、自分はすごいぜ感）、病的な虚言、詐欺、良心の呵責《かしゃく》や罪悪感の欠如、浅薄な感情（感情的な変動が小さい）、共感性の欠如、行動の責任を取らないなどといった特徴を示すものです。

そして、この側面こそがサイコパシーをサイコパシーと特徴づける「一次的な（primary）特徴」（primary psychopathy：ＰＰ）であると考えられています。

サイコパシーの二次的な特徴（SP）――社会的逸脱側面

もう1つの側面は、不安定な生活様式・反社会傾向に関するもので、「社会的逸脱側面」と呼ばれたりします。

この側面には、退屈しやすく刺激を求める傾向、寄生的生活様式（自分の力で生活するというよりも、養ってもらったり他者の資源を搾取することで生活するジゴロやヒモのようなもの）、行動コントロールの欠如、幼少期からの問題行動（他者への攻撃など社会的逸脱行動）や少年非行経験、現実的・長期的目標の欠如、衝動性、無責任性などの特徴を示すものです。

1　マキャベリアニズムとサイコパシーを測定するツールは実は同一概念を測定しているのでは、という議論や(Miller et al., 2016)、ナルシシズムはダークトライアドという枠組みでとらえるには、他の2つと質的に異なりすぎているのでは（Rauthmann & Kolar, 2013)、といった議論もある。

これらの特徴は「二次的な（secondary）特徴」（secondary psychopathy：SP）です。

サイコパシーと反社会性パーソナリティの違い

また、実は似たようなパーソナリティに反社会性パーソナリティという概念がありま す。

これは、まさにSP（二次的な特徴）を反映するパーソナリティです。言い換えれば、SPだけではサイコパシーと反社会性パーソナリティを弁別することができません。PP（一次的な特徴）が高いことで初めて反社会性パーソナリティとは異なるサイコパシーという概念をとらえることができるのです。

ダークトライアドの枠組みで扱われるサイコパシーの特有性は、反社会性パーソナリティと弁別できない側面であるSP（二次的な特徴）です。また、サイコパシーをサイコパシーと特徴づけるPP（一次的な特徴）の側面は、ダークトライアドの共通要素として扱われています。この点については、概念的な整理に関する議論を継続する必要があるでしょう（図3）。

このように考えると、私は先ほど自分自身のサイコパシーが高いと書きましたが、後先考えず行動して失敗した結果、「あ、やっちゃったな」という後悔や、自分では気づいて

図3　サイコパシーの2つの構成要素

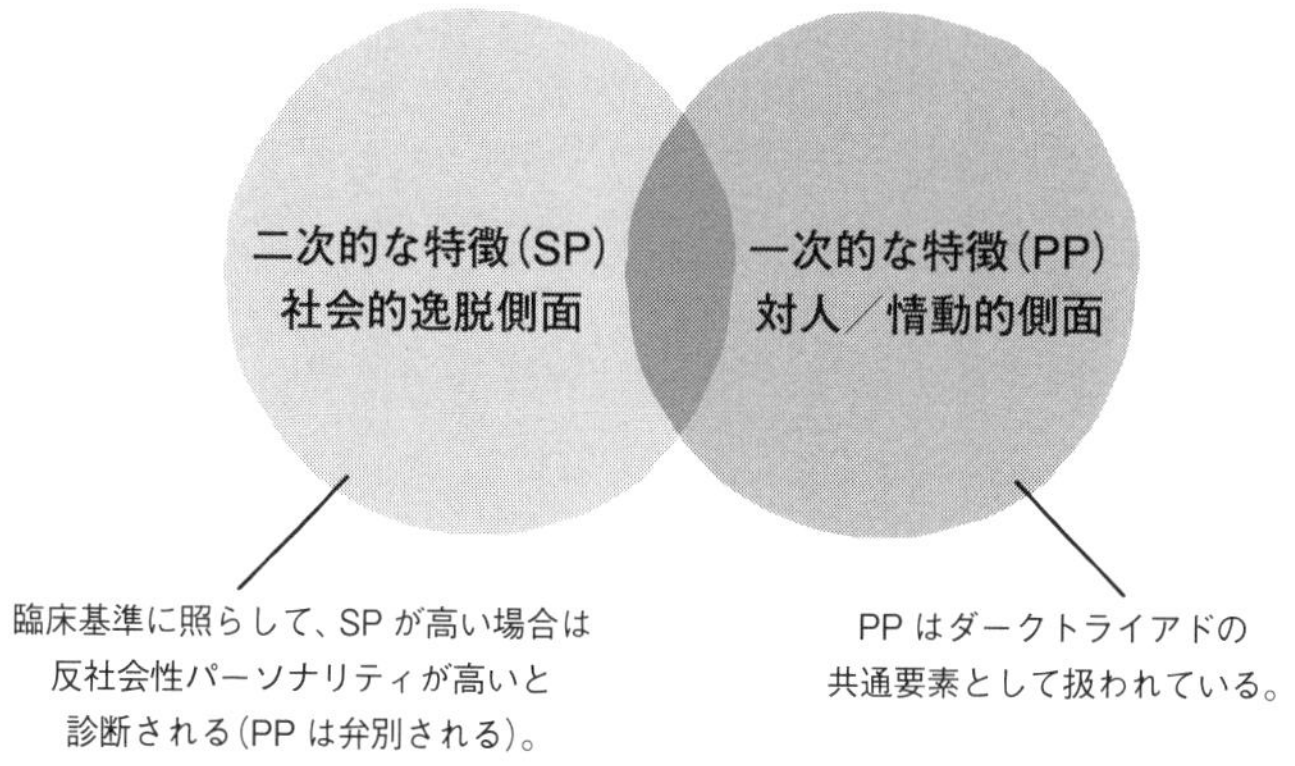
二次的な特徴(SP)
社会的逸脱側面
一次的な特徴(PP)
対人／情動的側面
臨床基準に照らして、SPが高い場合は
反社会性パーソナリティが高いと
診断される(PPは弁別される)。
PPはダークトライアドの
共通要素として扱われている。

ダークトライアドの枠組みの中において、
サイコパシーの特有性はSPとして扱われている。

いなかったけど迷惑をかけていた、ということをそのときに一緒にいた人に聞いたときに、「うわ、ごめん」などと思ったりします。また、失敗すれば動揺もします。

もっとも、そのようなことはのど元過ぎれば熱さを忘れてしまったり、まあいっか、と思ったりするのですが。少なくとも、良心の呵責や後悔の念がない、あるいは他者に対して冷淡である、ということに関してはそんなに高くなさそうです。つまり、私はサイコパシーのPPはそこまで高くなく、SPが高い、つまりむしろ反社会性パーソナリティが高めであるといえます。

▼ 2002年に生まれた「ダークトライアド」

そもそもダークトライアドの研究はいつから始まり、どのように発展していったのでしょうか。それを知ることは、ダークトライアドがよくわからないけどダークな感じ、といったようなふわっとしたものではなく、具体的にどのようなものかを理解するのに役立つでしょう。

ダークトライアドという専門用語自体は新しいのですが、実はその中身は先ほど紹介したとおり、個別に研究されてきたマキャベリアニズム、ナルシシズム、サイコパシーです。なぜ個別に研究されてきたのか、それがなぜ今さら合わせて扱われるようになったのでしょう？

「ダークトライアド」という言葉そのものは2002年の論文で一般的になりましたが(Paulhus & Williams, 2002)、実は、その中身である「3つのダークな性格の概念」に関してはもっと前から研究が進められていました。しかし、それぞれ別の領域でのことです。今となっては、3つの概念の概要は先述したとおり、共通要素を示すということが実証的に明らかですが、それまではこの3つの概念を包括的に扱うというアプローチは主流ではなかったのです。

では、それぞれの概念に関する研究がどのような形で進められてきたかを見てみましょう。

サイコパシー研究の歴史

サイコパシーとナルシシズムは、それぞれ、「どうやらこんな人間がいるぞ。ではそれを概念として定義してみよう」というモチベーションから概念化されました。

具体的には、サイコパシーは犯罪行動に向きがちで、かつ、そのようなことに罪悪感を覚えず、冷淡であるという特徴を有する人々の存在に基づくものです。それゆえ、囚人を対象とし、なぜ犯罪を犯すのかというクエスチョンに対する研究が進められ、クレックリー（H. Cleckley）による提案（1941年）、ヘア（R. D. Hare）による概念の整理（1980年）を経て1990年代頃から社会的逸脱の文脈での研究が進められてきました。

また、「サイコパス」という概念も、診断名としてこの頃に確立されました。ヘアがサイコパシーという概念の整理を行う際に開発した、サイコパシーのレベルを測定するチェックリストを使った面接調査で、基準値以上の得点だった場合にサイコパスと「診断」されます。

したがって、サイコパスは単に診断名であり、その人自身にネガティブなレッテル（こいつはサイコパスだから悪いやつ、など）を貼る用語ではありません。たとえば、「風邪」と診断されたからといって、その患者自身にネガティブなレッテルが貼られるのではなく（こいつは風邪だからダメなやつ、とはなりませんよね）、単に治療の必要性を示すラベルであるのと同じです。なお、この面接調査で用いられるチェックリストはサイコパシーの２つの側面をとらえます（専門的には「Factor 1」「Factor 2」と呼ばれますが、それぞれＰＰ、ＳＰに対応していると考えてください）。

ただし、「サイコパシーが高い人」という意味で「サイコパス」という言葉が用いられることもあります。本書では、本文中では「サイコパシーが高い人」と表記していますが、特に表などには「サイコパシーが高い人」という意味で「サイコパス」と表記しています。したがって、本書での「サイコパス」は、特別な注意書きがない限り、診断名ではなく「サイコパシーが高い人」のことを指していると考えてください。

ナルシシズム研究の歴史

一方、ナルシシズムは、自分自身を必要以上に誇大に見せたり、過度な賞賛欲求や対人関係間の問題を示したり、それによって日常生活に支障が出るような傾向に基づきます。これらは精神疾患（パーソナリティ障害）の1つとして治療が求められるもので、したがって、臨床的な文脈での研究が進められてきました。

パーソナリティ障害には大きく分けて3つのクラスタ（A、B、C）があり、ナルシシズムが極端に高いことで診断される自己愛性パーソナリティ障害はクラスタBに含まれます。このクラスタは、衝動性や攻撃を特徴とするクラスタです。ナルシシズムはその中でも、過剰な自信や他者を下に見る傾向（誇大性）や、思い通りにならないときの怒りやすさや自身への注目への敏感さなどを特徴とします。

自己愛性パーソナリティ障害も、チェックリストによって診断されます。このチェックリストは精神疾患全般の包括的なものです（「精神疾患の診断・統計マニュアル第5版（DSM-5）」）。他のパーソナリティ障害も基本的にはこのチェックリストに沿って診断されます。[2]

マキャベリアニズム研究の歴史

マキャベリアニズムに関しては、他の2つの側面とやや異なる歴史を持ちます。先に紹

2 反社会性パーソナリティ障害もクラスタBに含まれ、DSM-5によって診断される。しかし、サイコパスはDSM-5では定義されておらず、DSM-5ではサイコパス様の症状は反社会性パーソナリティ障害と診断される。

介したナルシシズムやサイコパシーという概念は、もともと観察される傾向や臨床的・社会的逸脱に関する領域の知見に基づいて、いわばボトムアップに概念化されたものです。

しかし、マキャベリアニズムは「理論的にこういう傾向を示す者が存在するだろう」という形で、概念のほうが先に確立されました。いわば理論的仮説を基盤とした演繹《えんえき》的なアプローチによって確立されたものです。この傾向が社会的な場面でどのような働きをするのかといった実証研究が進められ、実際に理論的概念との一致も示されてきました。

具体的には、イタリアの歴史上の人物であるニコロ・マキャベリの著書『君主論』から着想を得ています。この本における「結果は手段を正当化する」という思想は、道徳性の軽視や嘘やお世辞などによって他者を意のままに動かすことなどを正当化し、実行する傾向であると言えます。これらがマキャベリアニズムとして概念化されました。

また、実証研究は主に一般社会における「個人差研究」[3]の文脈で進められてきました。したがって、ナルシシズムやサイコパシーとは異なり、「診断」の概念などはありません。

ここまで3つのパーソナリティそれぞれの研究の歴史をざっくりとお伝えしてきましたが、研究はそれぞれの領域で完結するものではありません。研究が進むにつれ、より拡張的・学際的なアプローチも進められることになります。

たとえばナルシシズムに関して、臨床的なレベルと一般人のレベルに明確な境界があるというよりは、むしろ連続的に分布しているといったことや、サイコパスは囚人だけでなく一般人集団の中にも潜んでいて、その人は必ずしも犯罪者ではないことなどがわかってきました。

当然、それを検証するためには一般人を対象としたり、一般的な他のパーソナリティの関連を検証することになります。

その結果、「おや？　これらは違う概念として研究が進められてきたものの、共通する概念なのでは？」という疑問が持たれるに至りました。

その結果、3つの概念を一括して測定し、それぞれの概念が共通するかどうかが検証され、2002年の研究で初めて「ダークトライアド」というワードが使われることになったのです。

3　たとえば、「身長が高い人は体重も重い傾向にある」というように、ある個人差が他の個人差とどのように関連するのかを検証するような研究である。これまでの研究では、マキャベリアニズムの個人差が、他の個人差とどのように関連するのかに注目されてきた。これは、ナルシシズムやサイコパシーのような、極端な傾向を治療するという発想とは異なる。なお、治療の発想を身長や体重に置き換えると、「高すぎる身長を治療によって低くする」「重すぎる体重を治療によって軽くする」ということだといえる。

▼ダークトライアドに向けられている疑問

ダークトライアド研究の流れを紹介してきましたが、こうした研究に疑問の目が向けられていないわけではありません。

たとえば、ダークトライアドに共通する特性、そして共通した傾向を示す行動パターンがあると述べましたが、その行動が示される基盤となるメカニズムは、各パーソナリティによって異なっているのではないかという疑問を投げかける研究もあります。

ダークトライアドはいずれのパーソナリティも自己中心的な行動をとりますが、マキャベリアニズムは実質的な目的（特に、富、名声、地位などの獲得）のための、サイコパシーはその場で生じた欲求を満たすための、ナルシシズムは自分を誇示し承認を獲得するための行動だったりします。

他にも、マキャベリアニズムとサイコパシーは同一概念を測定しているのではないか、ナルシシズムはダークトライアドの枠組みでとらえるにはマキャベリアニズム、サイコパシーと質的に違うのではという考えもあります。

このような議論や矛盾点があることも確かでしょう。しかし、それも含めてさまざまなアプローチで研究が進められ、新たな知見が積み重なってこそ、考え方の更新や誤りの発見にもつながります。ダークトライアドに関する今後の研究によってどのようなコモンセンスが得られるようになるかは現状では不明ですが、まだまだ発展の余地があるように思います。

本書では現状の知見を現状の研究の枠組みに沿って紹介します。すなわち、以下の2つの立ち位置をとります。

①ダークトライアドとして扱われる3つのパーソナリティには共通点があるが、弁別されうる異なる概念であること。

②ダークトライアドの枠組みにおけるサイコパシーの特有性は、衝動性や社会的逸脱を中心とする特徴（SP）であること。（ただし、場合によってはサイコパシー本来のとらえ方、PPも踏まえる）。

なお、ダークトライアドの各側面には一貫して性差が示されており、男性のほうが女性に比べて高いことが明らかになっています。なぜこのような傾向が示されるのかについてはさまざまな議論がありますが、進化論の立場から考えられる理由については後述したいと思います（↓129ページ）。

▼ダークトライアドの特性は誰もが持っているのか？

ここまでお読みいただいて、次のような疑問を抱いた人は多いのではないでしょうか？「ダークトライアドの要素って、多かれ少なかれ、誰もが持っているものではないか」と。

ダークな行動そのものは、ダークトライアドが低い人にも見られるときがあります。たとえば、相手によって塩対応だったり、課題に飽きてしまって別のことをしてしまうとか、自分の成功談を聞いてほしいとか、道路を斜め横断するなど（ちょっとしたルール違反）、状況によってはしてしまうこともあるでしょう。このような、個別の行動ではそういうこともあるのですが、ダークトライアドが高い人は、そのような行動をまんべんなく、また一貫して示します。

そして、重要なことですが、ダークトライアドは「持っている」「持っていない」という評価はしません。

たとえば、身長や体重など、身体的特徴に関しては「身長を持っている」とは言わず、「身長が高い」、「体重を持っている」とは言わず、「体重が重い」などということが一般的です（「身長があるね」などと表現することもありますが、これは「身長を持っている」のではなく「身長が高い」ことを意味しています）。

ダークトライアドの特性を含む、パーソナリティも同様の表現をします。つまり、「ダークトライアドが高い（低い）」、あるいはダークトライアドの各パーソナリティに注目すれば、「サイコパシーが高い（低い）」などと表現します。このように、要素の数値の高低でその人の特徴を表現する考え方を特性論といいます。[4]

この特性論の考え方に基づけば、ダークトライアドの要素が高い人から低い人までさまざまいて、かつ、平均的なレベルの人が最も多く、極端に高かったり低かったりするほど

4 ちなみに、タイプ分けによってその人の特徴を表現する考え方を類型論という。この考え方に基づけば、ダークトライアドかそうではないかといったような表現になり、したがってダークトライアドの特性を「持っている」「持っていない」という概念も導入されうる。しかし、身長を高身長型・低身長型と類型論的に扱うことができるにもかかわらず、そのような形ではあまり表現されないのは、特性論の考え方によって数値で表現するほうがよりその人の特徴を詳細にとらえられるからだろう。パーソナリティも同様に、特性論によって表現することでより詳細にその人の特徴を表すことができる。

人数は少ないという分布（正規分布）を示します。

このようなとらえ方は偏差値に置き換えてみてもいいかもしれません。つまり、平均（50）が最も多く、非常に高い人（非常に低い人）ほど少ないという分布です。

ダークトライアド偏差値を考えたときに、平均50であれば、偏差値40〜60の範囲には全体の70％ほど（約68・2％）が含まれます。逆に言えば、この範囲を超えて高い（低い）人は、ダークトライアド偏差値が60を超える人（あるいは40を下回る人）は上位15％（あるいは下位15％）の人です（図4）。

このように考えると、普通に日常を送っている人たちの中にもダークトライアドがそれなりに高い人（偏差値60以上の人）がいることは容易に想像できます。ちなみに、ＩＱでもこの分布の考え方は使われています。ＩＱに置き換えれば平均が１００で、85〜１１５の範囲内に全体の約7割が含まれます。

そして、ダークトライアド偏差値がそれなりに低い人（偏差値40以下の人）も同じくらいの人数が日常的に存在していることになります。つまり、ダークトライアド偏差値が40から60程度、あるいはこの範囲より少し高かったり低かったりする人たちは、普通に世の中で生活しているということです。

そのような範囲内でのダークトライアドが高めな人は、日常的なささいな問題を起こし

図4 偏差値で見るダークトライアドの高さと人数

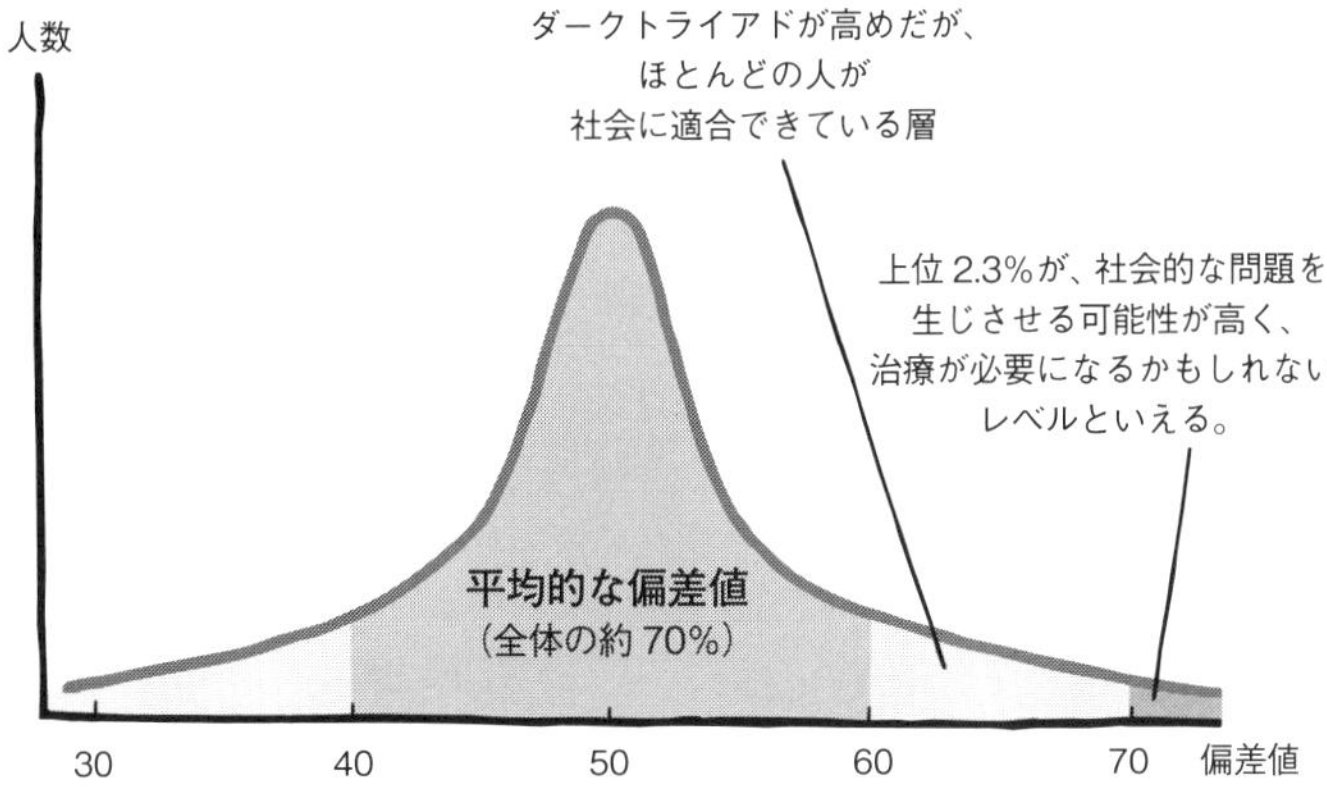

たりするかもしれませんが、しかし常識の範囲内の行動を示したりするでしょう。そして、多くは社会に適合し、だいたいは個性としてとらえられるようです。この程度の人たちはいわゆる一般的な程度の人と考えても差し支えありません。

それでも、ささいな問題すら起こさない人々よりは、何かしら生きづらさを感じている可能性はあります。

こうした自己のダークトライアドの認識と、そうした個性にどのように関わるべきかは第6章でお伝えします。

社会的に問題を生じさせるダークトライアドのレベルとは？

ダークトライアドが社会的に問題を生じさせるレベル、すなわち治療が必要な臨床レベルといえるのは、平均から非常に逸脱した場合です。

偏差値で考えてみましょう。たとえば、偏差値が30〜70の範囲内には95・4％ほどが含まれます。言い換えれば、その範囲を逸脱する人は上位あるいは下位2・3％です。この数値は、平均100であるＩＱでいえば、上位は130以上の人たちで、メンサ会員資格を得られるレベルかそれ以上、下位は70未満の人たちで、知的障害と診断されるレベルかそれ未満です。日常生活に支障をきたし、「診断」を下されるレベルは、少なくともこのような極端な得点を示す人たちです。

つまり、なんらかの社会的な問題を生じさせる可能性が高く、治療などの対処が必要なほどダークトライアドが高い人は100人に2人程度の割合です。もっといえば、ダークトライアド偏差値が70だからといってすぐ治療が必要であるというわけではありません。そもそも社会的な問題を生じておらず、日常生活に支障をきたしていないなら診断は下りません。

　また、測定の方法によってその人物のダークトライアド偏差値は異なりますので（模試によって偏差値が異なるのと同じです）、一概に治療が必要か否かは判断されず、複数の測定方法によって最終的な診断が下されます（なお、後述するように、「ダークトライアド」の臨床診断そのものはありません）。

　さらに、既存のダークトライアド測定尺度では、実際の臨床レベル、すなわち極端に高い（あるいは低い）傾向を検出するには得点の範囲が狭すぎるかもしれません。

ダークトライアドの測定尺度は一部を除き、基本的には一般社会の人々の特徴をとらえるために作成されています。したがって、たとえダークトライアド尺度で測定した結果、満点（最高点）だったとしても、それが日常生活に支障をきたすレベルの傾向かどうかを判断するのは困難です。

　ＩＱに置き換えると、ＩＱ３００の人（フォン・ノイマンなどの天才的なＩＱの持ち主）も、ＩＱ１２０の人（頭がいいと言われる東大・京大生など）も、中学1年生の試験問題では満点を取るでしょう。

　しかし、その試験問題では一般レベルでＩＱが高い（ＩＱ１２０）のか、通常では考えにくいほどＩＱが高いのか（ＩＱ３００）は区別できません。一般的に実施されるダークトライアド測定尺度にも、同じことが言えます。

このダークトライアドの測定尺度（自分のダークトライアドが高いのか低いのかをセルフ分析するためのツール）については、第6章で紹介いたします。

▼ダークトライアドの特性は生得的？　それとも環境によって変化する？

ダークトライアドの特性の高低は、遺伝の影響によるところなのでしょうか？　あるいは成育環境が深く関わっているものでしょうか？　もし、遺伝ですべてが決まるという話になってしまうと優生学的な極論を生み出しかねないので、慎重に考えたいところです。

結論から言えば、両方からの影響があります。つまり、遺伝「も」環境「も」影響します。また、これはダークトライアドの特性に限らず、他のパーソナリティやさまざまな心理変数も同様です。

遺伝的な影響があるということは、生まれたときからダークトライアド特性の個人差が生じているということです。ただし、それがそのまま大人になっても発揮されるということではありません。環境によって、最初のレベルから変動し、最終的なダークトライアド特性が形成されます。

遺伝の効果と環境の効果

遺伝の効果というと、ある遺伝子があるかないかでダークトライアドが高いか低いかが決まる、と思うかもしれませんが、そうではありません。非常に多くの遺伝子が少しずつダークトライアドの高さに影響します。

身長を考えてみましょう。みなさんの身長は、ある特定の「身長遺伝子」によって決められているのではなく、非常に多くの遺伝子が組み合わさった結果として人それぞれ異なる身長になります。つまり、具体的にどの遺伝子がどのくらい影響しているのかははっきりしませんが、とりあえず遺伝子全体でどのくらいの影響力か、というのが遺伝の効果です。

ダークトライアドに対する遺伝の効果も同様に、具体的にどの遺伝子が影響しているのかではなく、遺伝子全体でどの程度の影響力があるかを考えます。[5]

しかし、先ほども触れたとおり、遺伝だけで個人の特徴が決まるわけではありません。

5　例外的に、ある遺伝子があるかないかで決まる個人特徴もあるが、本書では触れない。

環境の効果も当然あります。また、ここでの環境の効果も、具体的にどのような環境（育て方・かける言葉など）が影響しているのかではなく、とりあえず環境全体でどのくらいの影響力があるかを考えます。

「環境の効果」というと、真っ先に思い浮かぶのは親の育て方や家庭環境などでしょう。あるいは、友達関係や地域社会も環境の要因として想定されるものでしょう。いずれもそのとおりではあるのですが、実はもう少し複雑です。

遺伝と環境の効果は行動遺伝学という領域で研究され、主にふたごを対象とします。これは、ふたごを対象とすることで計算上遺伝「だけ」の効果と遺伝「以外」の効果を切り分けることができるためです。ただし、少し複雑なので技術的なことには触れず、ざっくりしたイメージを紹介します。

遺伝「以外」の効果は、言ってしまえば環境の効果です。

しかし、環境の効果は、ふたごの両方に同じ影響力を持つ「共有環境」の効果と、ふたごに別々に働く「非共有環境」の効果に分けられます。

たとえば、同じ家庭で育ったふたごは、家族に連れられて同じところに遊びに行ったり、同じ食事を食べたり、同じ本を読んだり、同じテレビ番組を観ます。これらは共有環境と言えます。

一方で、同じ家庭環境で育っていたとしても、たとえば同じところに遊びに行っても、ふたごの一方はお母さんと、もう一方はお父さんと遊ぶことが多かったとすれば、それはそれぞれのふたごで異なる環境です。あるいは、同じ本を読んで育ったとしても、一方は朝に、もう一方は夜に読んでもらうことが多いとか、同じテレビ番組を観ていても一方は興味を持って視聴し、もう一方は興味を持てずに別の一人遊びをしていたら、やはりそれもふたごに個別の環境です。

このような、ふたごに個別に働く環境の効果を、「非共有環境」の効果といいます。

行動遺伝学の三原則から見た3つの特性

このように、行動遺伝学では、遺伝、共有環境、非共有環境の3要因がどのように個人差に影響するのかを考えることが一般的です。[6] そして、パーソナリティの個人差にそれぞれがどのくらい影響しているのかを検証すると、実はほとんどが遺伝と非共有環境によって説明されます。具体的には、30～50％程度が遺伝によって説明され、残りが非共有環境によって説明されます。つまり、

6 実際はもっと複雑だが、本書では触れない。

図5　各パーソナリティの形成における遺伝と環境の影響

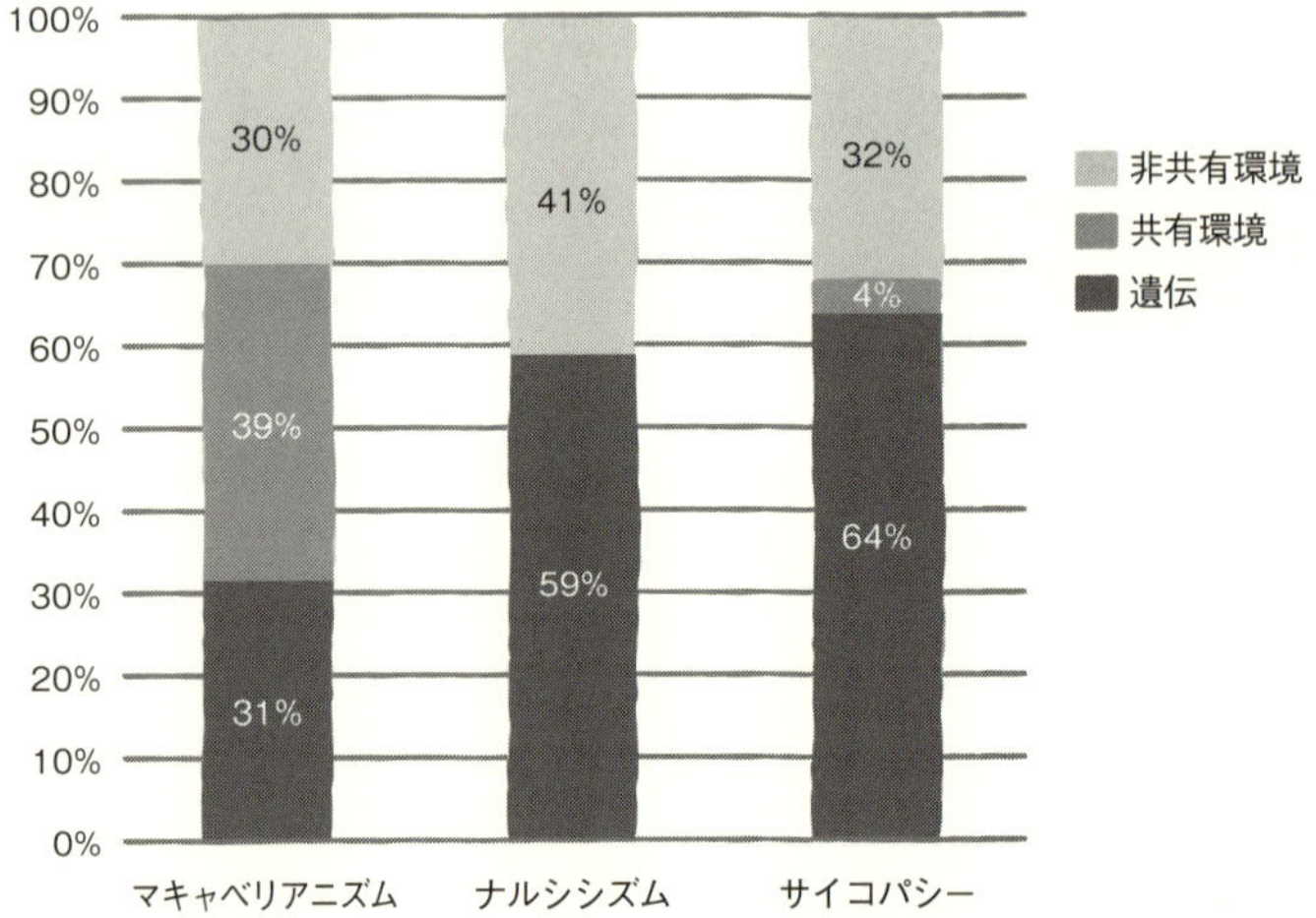

①人の行動特性はすべて遺伝的な影響がある。

②同じ家庭で育てられた（共有環境）効果は遺伝子の影響よりも小さい。

③人の特徴の個人差の多くは遺伝子や共有環境では説明できない、それぞれに異なる環境の要因（非共有環境要因）によって決まる。

といえます。これを、行動遺伝学の三原則と言います。

ダークトライアドの各要素も例外ではありません。

表1 3つの研究データが明らかにする各ダークトライアドに対する遺伝・共有環境・非共有環境の効果の割合

		遺伝	共有環境	非共有環境
マキャベリアニズム	Vernon et al., 2008	31%	39%	30%
	Veselka et al., 2011	1%	44%	55%
	日本（著者らチーム）	27%	0%	73%
ナルシシズム	Vernon et al., 2008	59%	0%	41%
	Veselka et al., 2011	40%	24%	36%
	日本（著者らチーム）	24%	12%	65%
サイコパシー	Vernon et al., 2008	64%	4%	32%
	Veselka et al., 2011	34%	22%	44%
	日本（著者らチーム）	22%	0%	78%

139組のふたごを対象にしたバーノンらの研究（2008）では、それぞれのパーソナリティにおける遺伝の影響は図5のように説明されました。

それぞれがどの程度説明できるかという割合は、当然全部合わせて100％です。ナルシシズムとサイコパシーは遺伝と非共有環境でほぼ100％ですが、マキャベリアニズムに関しては、合わせて61％にしかなりません。

実は、マキャベリアニズムは行動遺伝学の三原則に反して、残りの39％が共有環境によって説明されました。共有環境は、はっきり言えば、「家庭の効果」です。つまり、マキャベリアニズムの個人差に関しては、家庭環境の影響が大きく関わっていると考えられます。

456組のふたごを対象とした別の研究でも（Veselka et al., 2011）、表1のとおり、ナルシシズムとサイコパシーの個人差は遺伝と非共有環境によって大部分が説明されますが、マキャベリアニズムでは共有環境による説明率が大きいことが示されています。また、日本のふたご研究においては、マキャベリアニズムとサイコパシーは行動遺伝学の三原則に沿った結果でしたが、ナルシシズムにおいては共有環境の効果が示されました（表1）。

▼ダークトライアドという概念を知ることのメリット

「サイコパスはあなたの身近にいる」と言われても、ピンとこない人は多いのではないでしょうか。ニュースに取り上げられるような（あるいは報道規制がかかるような）残酷な殺人事件や映画や漫画の中に登場するシリアルキラーのように、自分の日常との距離を感じる人もいるはずです。

しかし、ここまで簡単に説明したダークトライアドの特性を読んで、すべてが当てはまるわけではないけれど、あるいは3つのパーソナリティのうち1つだけだけど、自分の身近に似た特性のある人が思い浮かんだり、自分の中にもそうした特性があると感じた人もいることでしょう。

本章の冒頭で、「ダークトライアド」という言葉には、中2心をくすぐる響きがあると書きましたが、そうした好奇心以外にも、あるいは研究者以外にも、本書を読んでいる読者個人として、ダークトライアドという概念を知ることのメリットを身近に感じていただけばと考えています。

たとえば、次のような2つです。

自分や他人のダークトライアドの特性を知ることができる――メリット1

まずは、「ダークトライアド」の概念を知ることで、自分自身のことについて自覚的になれる、あるいは他者の行動パターンについての理由付けができる、というメリットが挙げられます。

たとえば、日常的に人ともめごとを起こしがちだったり、後先考えずに行動して悪い結果を招いてしまったりといったことがある人もいるでしょう。そして、このような人たちは、そうなってしまう理由を漠然としかつかんでいないものです。したがって、自分の何をどうすればいいのかわからず、結果的に同じ過ちを繰り返してしまいます。

しかし、ダークトライアドという概念を知り、かつ自分のダークトライアド傾向が高いことを自覚できれば、なぜ今までそんなことになってしまっていたのかの答えの1つが得られます。とすれば、それを踏まえて自分の行動パターンや心理メカニズムの特徴を客観的にとらえることができるでしょう。少なくともこれまでの行動パターンを、意識して制御できる可能性が生まれます。

私も、なんでこういう失敗をするんだろうということがよくありましたが、ダークトライアドという概念を知ったことで、その原因をとらえることができています。ダークトライアドが高めであるということがわかれば、どのようなときにどんな失敗が発生するのか、ある程度予想がつきますので、少なくとも今までよりも気をつけて行動できるようになった気がします。

ちなみに、知らなかった心理的な概念を知ることで、自分の行動を省みることができるのは、ダークトライアドの例に限りません。

たとえば、ビッグ・ファイブ・パーソナリティモデル（人間の性格を5つの因子で説明する心理学の理論。5つの因子は外向性、誠実性、調和性、開放性、神経症傾向）の1つである神経症傾向が高い人は、不安になりがちだったり心配しがちな傾向があります。日常的にこのような状態が継続するとどんどんエネルギーを消耗しますし、それに伴い精神的・身体的に不健康な結果に至ります。

神経症傾向という概念を知らなければ、やはり原因が漠然としていて、「自分はダメなやつなんだ」というような負の思考のスパイラルに取り込まれて余計ネガティブな結果を生んでしまうでしょう。

一方で、神経症傾向という概念を知っていて、自分がその傾向が高いことを知っていたらどうでしょうか。少なくとも原因の1つははっきりしますし、それに基づいた意識的な制御にもつながります。

ダークトライアド傾向が強い人を認識できる——メリット2

ダークトライアドという概念を知っていることのメリットの2つめとして、他者とうまく付き合えたり、危険から身を遠ざけたりできます。

ダークトライアドが高い人は、他者の目にはしばしばカリスマ的で魅力的に映りがちです。実際は本書で述べるように、さまざまな対人関係の問題や社会的な問題など、他者に不利益を生じさせがちなのですが、初対面ではそのようなことに気づきにくいものです。

しかし、ダークトライアドが高い人は初対面だけ対応を変えているわけではありません。つまり、そういう人と対峙《たいじ》したとき、ダークトライアドの特徴を知っていれば最初からダークな要素が見えることもあります。

もちろん、初対面だけでその人を判断することは困難ですし、実際、ダークトライアドが高いまま円滑な人間関係を築き、友人に慕われているケースは普通にあります。そのため、当然、警戒を啓発するものではありませんし、むしろそのような過度な警戒は良い人間関係をこちら側から放棄することに他なりません。

あくまで、相手がどういう人物であるかの手がかりを得られ、それを活用できる可能性があるということです。

あらためてダークトライアドを知ることのメリットを確認しましたが、ダークと呼ばれる3つのパーソナリティにも、デメリットもあれば、メリットもあります。次章では、そうした表と裏を見る視点で、それぞれのパーソナリティを深掘りしていきましょう。

第2章

3人の悪魔とその仮面の下

研究において、ダークトライアドは「良い・悪い」で評価すべきではないと記したものの、やはりダークなパーソナリティというと、悪い面ばかりが強調され、邪悪なイメージをしてしまいがちです。

したがって、私が本書の読者に対して一番危惧《きぐ》しているのは、「あの人はダークトライアドが高い」とレッテルを貼り、人格を否定してしまうことです。

もちろん、犯罪などで人に迷惑をかけたり、人の尊厳を踏みにじるような人に対して警戒することは必要ですが、独善的だったり、高圧的だったり、わがままと感じたからといって、相手に対して簡単にダークトライアドのレッテルを貼って遠ざけるのは健全なコミュニケーションとはいえません。そもそも学校や会社など社会生活を営むうえでは付き合わざるを得ない場面はいくらでもあります。それに自分自身が、他者からそのように思われる可能性があることも自覚しなければなりません。

そこで本章では、ダークトライアドは必ずしも負の側面ばかりではないことをお伝えするために、それぞれのパーソナリティの長所や短所、さらにはその特性ゆえに直面する苦悩などについて考えていきたいと思います。

▼リーダー的ポジションにつくことが多い

ナルシシストの長所・短所

まず、ナルシシズムについて分析していきます。ナルシシズムは誇大性、承認欲求や賞賛欲求が高いという特徴があります。特に、誇大性は自分自身を過度にポジティブにとらえる傾向ともいえます。そのため、ナルシシスト（ナルシシズムが高い人）は、不安や抑うつ（気分が落ち込むなど）をあまり感じませんし、気持ちにも余裕があり、精神的に健康であることが指摘されてきました。

また、自分がすることは正しいと思っているので、自信を持って精力的に活動します。これはまわりから魅力的に映り、人気を得るので、高い社会的地位にあることなどが指摘されています。

みなさんの経験でも、この人は自分の自慢話ばっかりだし、自分のことをイケてると思ってそうだけど、確かに自信に満ちあふれているし、こいつなら何かやってくれそう、という人がまわりにもいたことがあると思います。

このように、ナルシシズムの、特に誇大性が高いことは、社会の中でポジティブに働くことがあります。

したがって、その資質はさておき、リーダーの地位につく可能性が高いことも示されています。

これは、本人のナルシシズムが高いという要因と、他者によるその人物のとらえ方の要因が考えられます。

ナルシシズムが高い人は、高いステータスやリーダーシップをとるようなポジションにつくことを重要視します。賞賛を得られ、支配的にふるまうことが許され、権力が得られ、自分の思い通りに物事を進められるポジションです。そんなナルシシズムが高い人が求める要素が詰まっているからです。

さらに、ナルシシズムが高い人は、他者からは、自信があって、みんなを引っ張る力があり、他の人よりも有能であるようにとらえられます。つまり、リーダーとしてついていく人材としてふさわしいように映っているのです。そのため、結果的にナルシシズムが高い人が、高いステータスやリーダーシップのポジションを得るわけです。

このようなカリスマ性は、一般的な対人関係においても、特に初対面の相手や関係性の初期段階、あるいはその時限りの関係の場合、ポジティブな効果を発揮します。つまり、ポジティブでワクワクをもたらす有能なイイやつという第一印象を与えます。

しかし一方で、ナルシシズムには「脆弱性」という特徴があることも紹介しました。このような特徴が強い人たちは、自分が思う有能な自己像と、まわりからの反応や扱われ方にギャップを感じがちで、むしろ不安やストレスを感じ、精神的に不健康だったりします。このような人も、みなさんの人生経験で出会ったことがあるでしょう。

出会った当初は、この人はできる人っぽいのになんて不毛な扱いを受けているんだろう、などと思ったかもしれません。そのような意味では、ナルシシズムの脆弱性が高い人は、少なくとも初期段階では他者の同情を買えたり、それによって何かしら便宜をはかってもらったり、オイシイことがあるかもしれません。社内ではそんなにできる人ではないとみんなが知っているのにしれっと大口の契約を取ってきたりするかもしれませんし、居酒屋さんでそのような悲劇を語る人におごってあげたりした読者の方もいるのではないでしょうか。

▼成功しやすく、給与が高い？　ナルシシストの長所・短所

リーダー的ポジションにつくことが多い、そしてその特徴から昇進・成功を追求する傾

向があるナルシシストは、給与も高くなる傾向があります。考えてみれば当然のことで、達成志向が高いため、低い人に比べてキャリアで成功しやすく、それゆえ給与も高くなるのだと考えられます。

さらに、ナルシシストの「自分はできる」感（自己効力感と言います）が、給料の高さに影響しているという研究もあります。

ヒルシとイエンシュ（2015）は研究に参加したドイツの314人のデータを分析したところ、ナルシシズムと給与の高さには関連が示されましたが、これはナルシシズムのいろいろな特徴の中でも、自己効力感によるものだということがわかりました。ドイツで793人の参加者のデータを分析した研究でも、ナルシシズムが高い人ほど給与が高いことが示されています。

▼関係性のチョコレートケーキモデル

ナルシシストの長所・短所

しかし、継続的な文脈、たとえば見知った相手や付き合いが長くなると、ナルシシズムのネガティブな側面が徐々に周囲に露呈されます。

「ナルシシズムの悪魔」の素顔

詩大性、特権意識、自己顕示性や注目・賞賛欲求

●自分自身をポジティブにとらえるため、気持ちにも余裕があり、精神的に健康。
●自信があるため精力的に活動し、まわりから魅力的に映る。
●高い社会的地位と給与を得る傾向にある。
●「ポジティブでワクワクをもたらす有能なイイやつ」のように第一印象が良い。
●他者との関係性を維持しようとする。
●男女いずれからも、恋愛対象として高く評価される。

●「脆弱性」が高い場合、不安やストレスを感じ、精神的に不健康になりやすい。
●利己的であり、他者から搾取しようとする。
●付き合いが長くなると、徐々にポジティブな評価が下がってしまう。

たとえば、自分のことをポジティブにとらえすぎて、過剰なまでに利己的な傾向を示したり、他者から搾取しようとしてしまいます。内面的な部分においても、ナルシシズムは「誇大な」自分に対する見方という特徴だけでなく、ちょっとしたことであっても「失敗した」と思われたくないという「脆弱な」特徴もあり、失敗を隠したり、その場限りの言い訳でごまかす、自分を肯定的に認めてくれる他者がいないと感情が不安定になる、後先考えない行動をとるといった特徴もあります。

要するに、他者が最初に感じていた人物像（初期段階で「盛られた」人物像）のメッキが剥《は》がれて、本人が言うほど有能ではないということが露見するわけです。

これを「関係性のチョコレートケーキモデル」という人もいます（Campbell et al., 2011）。つまり、チョコレートケーキのように最初は非常に刺激的で魅力的だったにもかかわらず、ずっと食べていると（関わっていると）、そのようなポジティブな感覚が徐々に薄れていくということを表現したものです。

したがって、ナルシシズムが高いことによるポジティブな側面とネガティブな側面は表裏の関係にあるともいえます。

ナルシシズムが高い代表的なキャラクター

本書のタイトルにある「悪魔」から、さまざまな悪魔が登場する人気漫画『チェンソーマン』を思い浮かべた人も多いでしょう。そこで、『チェンソーマン』の中から、ナルシシズムが強いキャラクターに目を向けてみましょう。

実は『チェンソーマン』において、ダークトライアドの各要素のすべてが明らかに高いようなキャラクターは紹介できませんが、いずれかが明らかに高いキャラクターは登場します。

ナルシシズムが高いキャラクターとしては、パワーちゃん（血の魔人）が挙げられます。

嘘つきで無責任、自分の手柄は自分の手柄だが自分の失敗は人に擦《なす》り付ける、そして非常に目立ちたがり屋です。また、目立ち方も自分をネタにするというよりは、自分がすごいということをアピールするやり方です。しかし他者との関係性は意外と大事にしているようです。このような特徴から、彼女（彼？）は典型的なナルシシズムが高いキャラクターであるといえるでしょう。

他にも、人気マンガとして挙げられる『ONE PIECE』にも、ナルシシズムの高いキャラクターが登場しますが、主に「かませ役」のようなキャラクターとして登場することが多いように思います。

その理由として、ナルシシズムは他者よりすごいという感覚を通して初めて承認や賞賛を実感します。したがって、周囲に誰かがいること、それも対等ではなく取り巻きや後ろ盾などが必要なわけです。それらを踏まえると、初期の頃に登場するヘルメッポやフルボディ大佐、初登場時のベラミー、トビウオライダーズのデュバルなどが挙げられます。かませ犬ではありませんが、海賊女帝ボア・ハンコックも、特に初登場時を見ると、ナルシシズムが高い特徴を備えているといえるでしょう。

▼リーダーになるには有利だが…… マキャベリアンの長所・短所

次はマキャベリアニズムについて見ていきましょう。

先述したように、マキャベリアニズムは戦術的対人操作（熟慮的・計画的な対人操作）、シニカルな世界観、道徳観の軽視、などの傾向を示すパーソナリティです。したがって、利益を求め他者を出し抜き、自己中心的に行動することが求められる場面では有利に働きます。

一方で、他者と協力して利益を得るようなチームワークが必要な場面では、むしろ和を乱す可能性があります。

特に、マキャベリアニズムは倫理的、道徳的行動の文脈や、組織で特徴的な傾向を示すパーソナリティとして多くの研究がなされてきました。組織におけるマキャベリアニズムのポジティブ・ネガティブなポイントに関する研究はいくつかあります。

マキャベリアニズムの特徴からもわかるように、マキャベリアン自身が、リーダーとしての地位につくことについては有利に働くでしょう。

ナルシシストが「自分はすごい、認められるべき存在だ、当然自分はリーダーになるべき人物である」というモチベーションでリーダーのポジションにつく一方で、マキャベリアンは、「お金をより多く得て裕福に暮らすために、高い地位や名声を得ることが最適だ」というモチベーションからリーダーシップのポジションを狙います。

行動としてはナルシシズムと同じ結果かもしれませんが、ナルシシズムがリーダーシップポジションを「自分のあるべき姿」ととらえるのに対し、マキャベリアンは「裕福のための手段」ととらえる点が特徴的です。いずれにせよ、リーダーシップポジションにつきたいという欲求が、結果的に実際のリーダーシップポジションにつきやすくしていると考えられます。

また、そもそもリーダーの役割には主にチームの関係性維持とパフォーマンスに貢献するという2つがあります。関係性維持は部下の相談に乗ったり他者の心情を理解して仲良しの関係をつくることが必要です。一方、パフォーマンスは、部下に指示して全体を取りまとめる司令塔的な役割が求められます。このことを考えると、マキャベリアンはどちらかというとパフォーマンスを重視するようなリーダーとして求められるかもしれません。なぜなら、マキャベリアンは他者に対して冷淡である一方で、他者を戦略的に動かすことに特徴づけられるからです（ただし、もちろんうまく適切に他者を動かすためには、基礎的な能力が必要となるでしょう）。

しかし、マキャベリアンがリーダーの地位についたからといって、全体のパフォーマンスが良くなるわけではないことが、多くの研究で明らかにされています。特に、マキャベリアニズムが高い上司は組織内での問題行動（不正行為や組織内の他者への攻撃など）を示しがちで、全体のパフォーマンスを下げてしまうことも指摘されています。

組織内の問題行動として、具体的には職場でのいじめ、生産効率の妨害（仕事の不正確さ、手抜き）、サボり、社内での窃盗、遅刻・欠席などに分けられますが、いずれもマキャベリアニズムが高いとこのような傾向を示しがちです。

部下に対するいじめ（いわゆるパワハラなど）が生じる可能性も高く、特に上司のポジションが権力を伴うものであれば、あるいはその上司自身が権力を伴うと感じていれば、そうした傾向は顕著になります。

また、マキャベリアニズムが高いリーダーの組織内における利益のみを追求し、やりがいや人間関係を軽視する傾向は、部下にも派生し、部下も利益のみの追求傾向を高め、部下同士の協力や人間関係を低下させることも指摘されています。

つまり、典型的なパワハラ上司は、マキャベリアニズムが高い人かもしれません。

マキャベリアンが適したリーダー、適さないリーダー

これらを踏まえると、明確なリーダーやルールが存在しなかったり、組織内の役割が明確でないような、「非構造的な組織」においてはマキャベリアニズムは有効に働くかもしれません。

なぜならこのような組織は、起業初期だったり一時的に形成されたグループであることが多く、何を置いても利益をアップさせることが重要な課題と言え、マキャベリアニズムのリーダーシップスタイルにマッチしていると考えられるためです。

一方で、指揮系統やルールがはっきりしていて、それぞれの役割分担も明確であるような「構造化された組織」では、むしろマキャベリアニズムは足を引っ張るような働きをするかもしれません。

このような組織は、安定的に利益を生むことが重要な課題であり、そのためにチームとして協力することが求められると考えられるからです。

マキャベリアンの長所・短所

▼マキャベリアンが社会的に望ましい行動をとる状況

マキャベリアニズムが高い人であっても、社会的に望ましい行動がとられる状況もあります。それは、「そのような行動をとることで何らかの利益（金銭、名声など）が得られるような場合」です。

たとえば、ダルトンとラドケ（2013）のMBA学生116人を対象とした研究があります。これは、実験で「組織内の不正に気づいてしまった」という仮想的な状況を設定し、マキャベリアニズムが高い人はこの状況でどのくらい内部告発しようと考えるのかが検証されました。

ここでは、場面想定法という実験方法が使われました。これは、ストーリーを読んでその場面を想像し、そのうえでの判断の個人差に何がどのように関連するのかを検証するものです。

参加者は初めに、同僚がわいろを受け取っていること、そしてそれが会社の倫理規定に違反していることを知ってしまうストーリーを読みます。そして、参加者を半分にして、さらにそれぞれ次の2つの条件下におけるストーリーを読みます。

倫理的環境条件

その会社が倫理規定を守ることを重視していて、年に1回の社内倫理研修セミナーを実施したり、不正行為を報告するなどの倫理的行動が、人事や報酬の評価にも関わるという職場での出来事であることを思い浮かべるストーリーを読む。

倫理的ではない環境条件

その会社に倫理規定があるにはあるが、それはおざなりになっていて、倫理研修などは行われておらず、人事や報酬の評価にも無関係であるという職場での出来事であることを思い浮かべるストーリーを読む。

その後、全参加者は同僚の不正をどの程度告発する意図があるかを回答しました。この実験の結果、全体的にはマキャベリアニズムが高いと内部告発はしにくいのですが、倫理的環境条件ではマキャベリアニズムが高い人でも低い人と同じくらい内部告発をする意図を示しました。

他にも、ハンガリーの医療系大学生を対象としたベレツキーら（2010）の研究では、マキャベリアニズムが高い人は無償の慈善的な活動（この研究では知的障害者の支援、献血運動に注目されました）を避ける傾向にありますが、みんなに見られている状況（つまり、「あいつはイイやつだ」という評判が得られる可能性がある状況）では、マキャベリアニズムが低い人と同じくらい慈善的な活動に参加する意思を示しました。

これらのことからわかるように、マキャベリアニズムが高い人の社会的に望ましい行動（ここではボランティア参加や内部告発）は、その行動そのものを良しとするのではなく、他者から良い評価を得たり、損害や罰を被《こうむ》ることから逃れるための手段として示された行動です。

アメとムチを使い分ける操作方略

マキャベリアンの長所・短所

また、組織内で他者を思い通りに動かすための操作方略も、マキャベリアンは状況に合わせて使い分けている可能性があります。

操作方略には、ジョークを言ったり、おだてたりするような「ソフトな」やり方と、懲罰をにおわせたり、脅迫をするような「ハードな」方略が想定されます。

ジョナソンら（2012）による、就業者・学生・一般人を対象とした研究では、ダークトライアドはソフト、ハードな方略いずれとも関連しましたが、特に、ナルシシズムが高い人ほどソフトな方略を、サイコパシーが高い人ほどハードな方略を使いがちであった一方で、マキャベリアニズムが高いほど両方の方略を使う傾向があることが示されました。このことから、マキャベリアニズムは状況に合わせた行動を選択する傾向があります。

つまり、マキャベリアニズムの根底にある「自己利益の追求を最優先する」という傾向は、状況によってはマイナスには働かないということがわかります。言い換えれば、マキャベリアニズムは状況に応じて行動を柔軟に選択するということです。

特に、マキャベリアニズムはサイコパシーと異なり、衝動性をコントロールする傾向が比較的高く、また、罰（評判を落とす、損害を被る、利益を失うなど）に敏感です。したがって、状況によって自己利益の追求が妨げられない行動傾向を示し得ることが指摘されています（Jones & Mueller, 2021）。

ただし、「上手に」場をコントロールするためには、もちろん状況を客観的にとらえられる基礎的な能力や知能があってのことでしょう。

パワハラ上司であるにもかかわらず、なぜか部下から一目置かれている人などと出会ったことはないでしょうか。このような人は、もしかしたらアメとムチの使い分けが上手な人かもしれません。

▼マキャベリアニズムが強い代表的なキャラクター

『チェンソーマン』に登場するキャラクターでは、主要キャラクターの中でも、マキマさんは非常にマキャベリアニズムの特徴を反映していると思われます。衝動的ではなく計画的で、自分の目的を達成するために使えるものはあらゆるものを使います。

「マキャベリアニズムの悪魔」の素顔

戦略的他者操作性、シニカルな世界観、道徳観の軽視

- チームワークが苦手。
- 「構造化された組織」において不正行為や、パワハラなどで他者へ攻撃をしがち。
- キャリアに関する満足感が低い。
- 他者を道具的に扱いがち。

- リーダーシップポジションにつくことに有利。
- 「非構造的な組織」においては、その資質が有効に働く。
- 評価を得るため、あるいは損害を免れるためなら、慈善的な活動も辞さない。
- 衝動性を抑えることができるため、状況に合わせてアメとムチを使い分けることができる。
- 曇りの日には自信が高まり、相手にポジティブに見られる。

実際に、それまでずっと仲良くしていた（ように見えていた）関係性でさえ、目的達成のためにあっさりと切り捨てることができますし、日常的にも、主人公であるデンジやその他部下を、体よく扱いながら自分の目的を達成しようとしますし、そのことに罪悪感や躊躇《ためらい》はありません。

再び、『ONE PIECE』に目を向けてマキャベリアニズムが高いキャラクターを探してみましょう。マキャベリアニズムの特徴でわかるとおり、計算高く冷徹で、他者（それが仲間であるかどうかにかかわらず）の犠牲に注意を払わないようなキャラクターであるといえます。

これを考えると、マーシャル・D・ティーチは典型的です。白ヒゲ海賊団にいたのも手段にすぎませんでしたし、黒ひげ海賊団の構成員は心を許し合う仲間というより、目的が合致した手段としてのパートナーです。

元帥赤犬（サカズキ）も、目的のためなら手段を選ばない、典型的なマキャベリアンといえます[1]。

▼生きづらさを感じにくい サイコパスの長所・短所

サイコパシーは、単独で扱われる場合とダークトライアドの枠組みで扱われる場合でその意味合いが異なる可能性はすでに紹介しました。

ダークトライアドの枠組みで扱われる場合、過度な自己中心性・冷淡さ・他者操作性といったダークトライアドの共通特徴に加え、衝動性、反社会傾向といった、自分も他者もどうでもいいし、そもそものこと自体を考えず、その場の欲求に考えなしに飛びつくという特徴があります。これらは、日常生活においては社会的な問題につながりがちであるため、サイコパシーが高い人にとっては、現代社会は生きにくい世の中かもしれません。

とはいえ、サイコパシーが高い人は、欲求に忠実に従い、かつ失敗しても後悔はないため、本人にとっては生きづらさは感じていないと考えることができます。

――本来のマキャベリアニズムの特徴が自己利益のための行動である一方、赤犬の行動は自己利益ではなく徹底的な正義の完遂のための行動なので、その点はマキャベリアンの典型例からは少し外れる。

▼スポーツで発揮されるサイコパシー

サイコパスの長所・短所

前項のような特性があるからこそ、競争で人より優位に立つことが必要な場面では、その力を発揮する可能性があります。

具体的には、スポーツの場面が挙げられます。たとえば、スペインのアスリートの研究では、プロフェッショナルのほうがアマチュアよりもサイコパシーを含むダークトライアド傾向が高く、また、競争で勝つことや失敗しないことに貪欲《どんよく》であることが示されています（González-Hernández et al., 2020）。なお、第4章で紹介する「日常的サディズム」（他者を傷つける／傷つくのを見るのを楽しむ傾向、→146ページ）も、ダークトライアドと密接に関連し、スポーツでのパフォーマンスが高い傾向にあることが指摘されています。

バスケットボール選手を対象にした調査では、サイコパシーを含むダークトライアドが高いほどパフォーマンス（フリースローの成功率）が高いことが示されています（Vaughan & Madigan, 2020）。また、これらのパフォーマンスは、ダークトライアドの過剰な競争傾向（たとえば、何を置いても勝つことが大事だと考える傾向）や、競争による自己向上志向（たとえば、自分の新たな能力の発見ができる競争は楽しい、と考える傾向）によるということも同時に明らかにされています。

サイコパシーが高い人は、他者に対して競争的で、同時に飽きやすく刺激を求めますので、このようなスポーツの文脈ではその力がポジティブに働くのです。

ジョブズはサクセスフルサイコパス

サイコパスの長所・短所

ダークトライアドの枠組みではなく、サイコパシーのみに関する研究では、サクセスフルサイコパス[2]という概念があります。

これは、犯罪や社会的逸脱を示さず、あるいは表沙汰《おもてざた》にならないように立ち振る舞い、高い地位についていたり社会的な成功を収めたりしているようなサイコパスのことを指します。

そのような研究の1つに、企業経営者はサイコパシーが高い可能性を明らかにしたもの

2 「サクセスフルサイコパス」は、診断名としての「サイコパス」を指すものと考えてよい。

があります（Babiak et al., 2010）。

この研究では、企業経営者（CEO、幹部、管理者など高地位にある者）と一般人サンプルのサイコパス評価指標得点分布との比較を行いました。この評価指標は、PCL-R（サイコパスの診断のための面接手法）をベースにするものですので、極端に高いサイコパシー、つまり診断としてのサイコパスかどうかを測定できます。

多くの人々はサイコパスと診断されるレベルではありませんのでその得点分布は非常に低い人が大半です。24点満点中、一般人サンプルの7割強が0〜3点で、企業経営者サンプルのうち8割強が0〜3点でした。この結果からは、企業経営者はむしろサイコパシーが低い人であるようにも見えます。

しかし、16点以上の高得点者には、一般人サンプルでは1・2%しかいなかった一方で、企業経営者サンプルでは5・9%もいました。そしてこの評価指標では、18点以上だとサイコパスと診断しますが（グレーゾーンは13点以上18点未満）、このレベルの得点の人は、一般人サンプルでは0・2%だったのに対し、企業経営者サンプルでは3%でした。

つまり、企業経営者にはサイコパスと診断されるほど極端にサイコパシーが高い人が一般人よりも多いのです。また、このような人々はサイコパシーが高くても社会に適合している人たち、つまりサクセスフルサイコパスです。

みなさんもよく知っているだろうアップルのスティーブ・ジョブズも、実はサクセスフルサイコパスだと指摘する人もいます（Quow, 2013）。

サクセスフルサイコパスは同情に流されたりせず、使えないと判断された社員を容赦なく切り捨てたりできるので、結果的に成功を収めているのかもしれません。

▼恐れしらずは成功する？ サイコパスの長所・短所

サクセスフルサイコパスの事例はありますが、全体としてサイコパシーが高い人は、職業的な意味で成功する可能性は高いのでしょうか。

就業的な成功は、客観的な成功と主観的な成功（満足）に大別できます。前者は、給料の高さ、昇進、地位などであり、後者は、それぞれの満足感です。

エイゼンバースら（2018）の研究では、客観的・主観的成功がサイコパシーと関連するかどうかを、477人の就業者を対象として検証しました。

ただし、ここではサイコパシーの概念が先述した一次的特徴・二次的特徴の2側面を想定するのではなく、①恐れしらずの支配性（fearless dominance; 危険なことでも自分だったら大丈夫だろう、という、誇大性を伴う積極性など）、②自己中心的な衝動性（self-centered impulsivity; 二次性サイコパシーに当たる側面）、③冷淡さ（coldheartedness; 一次性サイコパシーのうち、冷淡さなどの感情的側面にあたる側面）の3側面を仮定するモデルに基づいていました。感覚としては、一次性サイコパシーの冷淡さに関わる側面と、誇大な自己価値観に関わる側面を分離したモデルと考えて差し支えないでしょう。

それぞれを測定し分析したところ、サイコパシーの「恐れしらずの支配性」側面が高いほど客観的成功、主観的成功のいずれもが高い傾向にあることが明らかになりました。[3]

一方で、サイコパシーの自己中心的な衝動性側面が高いことは、主観的成功をむしろ下げることも明らかになりました。この側面は他者に対する敵意なども含む側面であり、この側面が高い人は、敵である会社や同僚から、本来自分が受けるべき待遇に満たない、不当な扱いを受けているという感覚があるのかもしれません。

3388人の一般人を対象としたリリエンフェルドら（2014）の研究でも、管理者の立場にある者のほうがそうでない者よりもサイコパシーの恐れしらずの支配性側面が高いことがわかっています。また、危険を伴う職業（警察、消防など）についている人は、そうではない人に比べてサイコパシーが高いことも明らかにされました。

この点については、特にサイコパシーが高いことがポジティブに働いている可能性があります。

▼革新的な大統領はサイコパス？　サイコパスの長所・短所

リリエンフェルドらの別の研究では、アメリカ大統領のパーソナリティとパフォーマンスの関連が検証されました（Lilienfeld et al., 2012）。

ここでは、アメリカ大統領の事情に詳しい121人が、42人のアメリカ大統領（ジョージ・W・ブッシュ大統領まで）のパーソナリティを評価しました。[4]また、各大統領のパフォーマンスも同様に、62人の大統領史研究者（内54人はパーソナリティ評価者とは異なる）によって評

3　さらに、この関連は各側面を統制した偏回帰係数でも維持された。ただし、ビッグ・ファイブ・パーソナリティを統制変数としてさらに含めると、恐れしらずの支配性と主観的・客観的成功との関連の偏回帰係数は有意ではなくなり、代わりに外向性との正の関連が示された。サイコパシーの恐れしらずの支配性側面と成功との関連は、恐れしらずの支配性の独自の要素というよりは、この側面と共通する外向性の要素が影響しているのかもしれない。

4　なお、この評価ではサイコパシーを直接測定するのではなく、評価されたビッグ・ファイブ・パーソナリティを変換することによって疑似的なサイコパシーやその各側面の得点を算出した。

価されました。これらの分析をした結果、サイコパシーの恐れしらずの支配性側面が高い大統領は、全体的なパフォーマンスが高いと評価され、特に、公的な説得力、危機管理、課題設定、議会との関係といった領域で力を発揮することがわかりました。

一方で、道徳的権限、経済管理、国際関係、行政、公平性の追求といった領域では、恐れしらずの支配性側面やその他サイコパシーとの関連は示されませんでした。この知見は、彼らの第2研究で他の指標を用いた場合でも再現されました。サクセスフルサイコパスには恐れしらずの支配性側面が特に重要なのです。

大統領の中でも特にサイコパシーが高かった人はセオドア・ルーズベルト、ジョン・F・ケネディ、フランクリン・ルーズベルトといった人物ですが、確かに彼らは普通の人であれば躊躇するような革新的な政策を実行しています。

▼ヒーローと犯罪者は紙一重？　サイコパスの長所・短所

一方で、サイコパシーの衝動性に関する側面はネガティブな結果をもたらしがちです。逆に言えば、この側面が低い場合に、サイコパシーの冷淡さや誇大性（恐れしらずの支配性）

が成功にうまく結びつく可能性があると考えられます。

しかし、必ずしも衝動性側面がネガティブなものかというと、そうとも言い切れません。

たとえば、タイで発生した2004年のスマトラ島沖地震における津波から20人を救った32歳のオーストラリア人ビジネスパーソンの事例（のちに暴行と侵入強盗で逮捕）、ロンドンにおいてテロ攻撃で爆発したバスから人の命を救ったとして名誉ある賞を受賞した41歳の消防士の事例（のちにコカイン組織に関与したとして実刑を受けた）事例があります。

これらは、自分なら何があっても大丈夫（誇大性・恐れしらずの支配性）という感覚に加え、後先考えず（衝動性）荒れた海に挑んだり炎に突っ込んだりできたのかもしれません。そしてそれと同じような理由で、犯罪にも関与した可能性が考えられます。つまり、サイコパシーの特徴が、状況によってポジティブにもネガティブにも働き得るということです。

このような事例のように、一般的にサイコパシーはヒーロー的な行動（ヒロイズム傾向）と関連するのでしょうか。この問いは、スミスら（2013）によって、大学生サンプル（124人のサンプルと119人のサンプル）と、一般人サンプル（457人）を対象に検証され、サイコパシーが高いほどヒロイズム傾向が高いことがわかりました。

この研究では、日常的なヒーロー行動の頻度を測定する尺度（「けがをした見知らぬ人の手当や犯罪者を追いかける」など）で日常的なヒロイズム傾向を測定しました。

また、利他性に関する尺度も同時に測定されています。これは2つの側面から構成されており、1つは慈善活動的側面（「チャリティに募金したことがある」、「献血したことがある」など）で、もう1つは知らない他人に対する援助行動側面（「知らない人の雪や泥にはまった車を押すのを手伝ったことがある」「知らない人を車に乗せてあげたことがある」など）です。

調査の結果、大学生でも一般人でも、サイコパシーが高い人はヒロイズム傾向を示しがちであることが示されました。

また、大学生サンプルでは、慈善活動としての利他行動とは関連が示されなかったものの、困っている他人を助けるといった利他行動の意図が見られました。これらは一見するとサイコパシーの特徴とは矛盾するように見えます。しかし、サイコパシーにもナルシシズムのような誇大性があることを思い出してみれば解釈できます。つまり、これらの行動は、周囲の目がある中で良いことをして、すごいと思われたり尊敬されたりするための行動と言えます。

これは、慈善活動としての利他行動がサイコパシーと「関連しない」ことによっても裏付けられます。もし本当に「良いこと」をするのであれば、困っている他者だけでなく、慈善活動である募金も行うことでしょう。しかし、募金は基本的には匿名で、誰がどれくらいしたのかは公表されません。したがって自分がいくら募金しても、自分の手柄として認知されません。

　現実場面で考えてみると、大きな災害が起きたときに、著名人の中には名前を伏せて多大な寄付をする人もいれば、あえて名前を公表して宣伝する人もいます。サイコパシーが高い人は前者にはほとんどいないと考えられますが、後者の中にはサイコパシー的な自己アピールを目的とするものもあるでしょう。

　しかし、いずれにせよ被災者にとって多額の寄付はプラスです。すなわち、サイコパシーが高い場合であっても状況によっては社会的にポジティブな行動もとり得るのです。

　このようなことは、身体的特徴、たとえば身長に置き換えてみると理解しやすいでしょう。身長が低いことは、バスケットボール選手としては不利かもしれませんが、競馬の騎手としてはむしろ有利な特徴になります。

5　このような項目は自分を良く見せようとするために嘘の回答をする可能性がある。そのため、「サメのあごから人を引き離す」などの、通常ではあり得ないトラップ項目を含めている。それを「経験したことがある」と回答したとしたら、その人を、自分を誇張するために嘘をつくような人として検出し、分析から除外できる。

▼サイコパシーが強い代表的なキャラクター

例によって、『チェンソーマン』のキャラクターを考えてみると、サイコパシーが高いことを反映する典型的なキャラクターは、高いマキャベリアニズム、ナルシシズムを反映するキャラクターの典型性よりも曖昧です。

しいて言えば、コウモリの悪魔でしょうか。自分勝手で嘘つき、他者を道具のように扱う（作中では血の魔人を道具のように使っていました）、そして衝動的で後先考えない行動もしがちである、といった点が特徴的です。

またまた『ONE PIECE』のキャラクターを考えてみます。

実は、サイコパシーに特有の要素だけを示すキャラクターは意外と初期には登場しません。だいぶ話が進んでからになりますが、ドクトル・ホグバックは自分の欲求に忠実で、でも衝動的な言動によって失敗しています。また、ジェルマ66（ダブルシックス）のサンジのきょうだいは、その科学技術によってサイコパシーの特徴が「装備された」キャラクターだといえます。

「サイコパシーの悪魔」の素顔

衝動性や刺激の追求、反社会的傾向

- ●衝動性が高いため、犯罪などの社会的な問題につながりやすい。
- ●キャリアにおいて、客観的成功を収めづらく、主観的な満足度も低い。社会的成功も困難であることで一貫している。
- ●飽きっぽいので、物事が長続きしない。

- ●自分の欲求に忠実で、失敗しても後悔しない傾向がある。
- ●勝利に貪欲なため、スポーツのパフォーマンスが高い。
- ●競争による自己向上志向が高い。
- ●サイコパスの中でも、成功しているサクセスフルサイコパスが一定程度存在する。
- ●恐れしらずの傾向や、ヒロイズム傾向が高く、危険を伴う職業に向いている。
- ●評価を得るためなら、慈善的な活動も辞さない。
- ●サイコパスの女性は恋愛において高く評価される。

なお、ダークトライアドのいずれもが高いキャラクターは、ボスキャラが多いように思います。初期にはキャプテン・クロや、その後にはサー・クロコダイル、神《ゴッド》・エネル、ドンキホーテ・ドフラミンゴなどが挙げられます。

▼人間関係を重視するナルシシスト

ここまでダークトライアドの各パーソナリティにおける長所・短所という面から掘り下げましたが、ではそれぞれを比較した場合、他者からどのように「評価」されているかを考えてみたいと思います。

まず、ダークトライアドの枠組みで考えたときに、ナルシシズムが他のダークトライアドの特性と大きく違う点は、他者の存在や対人関係を相対的に重要視することです。

マキャベリアニズムやサイコパシーは、他者がいるかいないかは重要ではありませんし、もし関わりのある他者がいたとしても、それは自分の目的を達成したり欲求を満たすための道具にすぎません。

しかし、ナルシシズムはその特徴から、自分のことを認めてくれる他者の存在が相対的

図6 対人円環モデルでみた各パーソナリティの配置

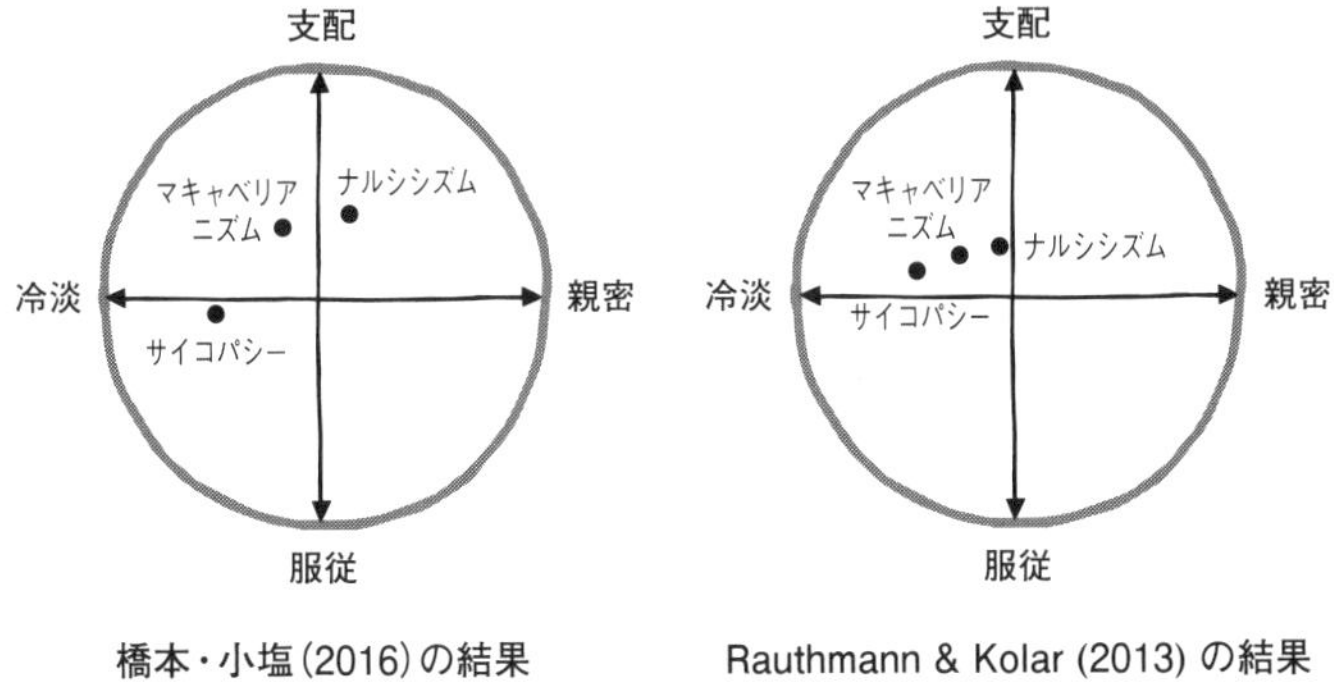

縦軸は自己志向性(作動性;agency)の軸、横軸は他者志向性(共同性;communion)の軸。
いずれの結果も、ナルシシズムは他の2つと比較して親密さが高かった。

に重要です。

もちろん、他者をダシにして自分をアピールするというように、他者を道具的に扱う特徴も備えていますが、それは、「他者に」自分をアピールする傾向であり、マキャベリアニズムやサイコパシーによる道具的扱いとは意味合いが異なります。

ビッグ・ファイブ・パーソナリティモデルとは別に、一般的なパーソナリティを表現するモデルに対人円環モデルがあります。このモデルは人間関係に注目し、他者に対する支配－服従の軸と親密－冷淡の軸で表現される2次元のどこに配置されるのかでパーソナリティを表現するものです（図6）。

前者の軸（支配－服従）は自己志向性（自分の目的や欲求を中心に考えたり行動したりするような傾向）、後者の軸（親密－冷淡）は他者志向性（他者との関係性の維持を中心に考えたり行動したりするような傾向）と読み替えることもできます（学術的にはもう少し複雑ですが）。専門用語的にはそれぞれ、作動性（agency）と共同性（communion）と呼ばれます。

これまで紹介した研究知見やビッグ・ファイブ・パーソナリティとの関連からも予想が立ちますが、ダークトライアドのいずれも、高いほど支配性が高く、親密性が低いことがわかっていますが（Rauthmann & Kolar, 2013）、ナルシシズムが高い人はマキャベリアニズム、サイコパシーが高い人に比べると親密性はまだ低くないほうです。

また、本邦における橋本・小塩（2016）による研究でも、マキャベリアニズム、サイコパシーが高いほど親密性が低いことが示されていますが、ナルシシズムが高い人ではむしろ親密性も高い傾向が示されています。

このような傾向の違いは、実際にとられがちな行動の違いにつながっているのでしょうか。ジョナソンとフレッチャー（2018）の研究では、いくつかの具体的な作動性行動と共同性行動が挙げられました（表2）。そして、これらの行動のとりやすさとダークトライアドとの関連が検証されました。その結果、ダークトライアドの各側面が高い人は作動性行動

表2　共同性・作動性行動のとりやすさとダークトライアド

共同性行動	マキャベリアン	ナルシシスト	サイコパス
散歩をする		○	
パートナーと過ごす		○	
友人を探す			
音楽を聴く			
祈る・瞑想する		○	
コーヒーを飲みに行く		○	
木の下に座る			
友人と過ごす		○	
運動をする		○	
絵を描く		○	
食べる		○	

作動性行動	マキャベリアン	ナルシシスト	サイコパス
自慰をする	○	○	○
自動車で猛スピードを出す	○	○	○
薬物を使用する	○	○	○
過去の過ちについて考える	○		○
ストリップクラブに行く	○	○	○
酒を飲む	○	○	○
カジュアル・セックスをする	○	○	○
タバコを吸う			○
復讐をたくらむ	○	○	○

○はダークトライアドの各傾向が高いほど、その行動をとりやすいことを示す。

（たとえば、自動車で猛スピードを出す、復讐をたくらむ）を取りやすいものの、ナルシシズムが高い人だけは同時に共同性行動（たとえば、パートナーと過ごす、運動をするなど）もとりやすいことが明らかになりました。[6]

このようなことからも、マキャベリアニズムやサイコパシーが高い人は自分勝手で他者を気にしないという傾向であることに対して、ナルシシズムは自分勝手ではあるけれども他者を気にする、つまり、他者との関係性を維持しようとすることがわかりました。[7]

みなさんが関わった人で、団体行動がとれない人は何人かいたでしょう。また、みなさん自身がそのような傾向の高い人だったかもしれません。何を隠そう、私も団体行動は苦手です。得てして、ダークトライアドが高い人は自分勝手なので団体行動が苦手です。それによってはぐれたりするでしょう。が、サイコパシーやマキャベリアニズムが高い人はおそらくこのようなときに、「まあいっか」と考えたり、あまり重くとらえずに自分勝手な行動を続けるかもしれません。

一方で、ナルシシズムが高い人は、他者との関係性を維持する傾向によって団体に合流しようとすると考えられます。もしくは、その人自身がグループを引っ張って自分の行きたいところに行こうとするでしょう。

▼一番モテるダークなパーソナリティは？

次に、恋愛などの場面において、各パーソナリティに有利な側面、あるいは不利な側面についても見てみましょう。

パートナー関係の形成にダークトライアドがどのように影響するのかを、より現実的な、スピードデーティングのシチュエーションで明らかにした研究があります。

スピードデーティングパラダイムとは、婚活パーティイベントのように、複数の異性と短時間（2〜3分）ずつの会話を繰り返し、すべての異性同士の組み合わせでの会話をするといった手続きを取ります。ジャウクら（2016）の研究では、大学生90人が参加し、各々

6 なお、この研究では作動性・共同性行動として、他者に迷惑をかけたり、破滅的な行動あるいは他者に迷惑がかからない平和的な行動が挙げられている。

7 対人円環モデルとダークトライアドとの関連は研究によって、あるいは偏回帰係数では一貫しない結果も示されているが（たとえば、ラースマンとコーラー〈2013〉の研究における偏回帰係数は、マキャベリアニズムは支配性が低くサイコパシーは支配性が高いことを示している）、少なくともナルシシズムは他の2つと異なり、親密性（共同性）がそこまで低くはない、あるいは高い傾向にあることが示されている。

表3　スピードデーティング後の望ましさ評価

	もう一度会いたいと思われる度	短期的パートナーとして望ましい度	長期的パートナーとして望ましい度
女性	ナルシシスト サイコパス マキャベリアン(−)	ナルシシスト サイコパス マキャベリアン(−)	ナルシシスト
男性		ナルシシスト	ナルシシスト

マキャベリアンの「(−)」は、マイナスの傾向、つまりもう一度会いたくない、
短期的パートナーとして望ましくない、ということを示す。
記載がないものは、各評価とパーソナリティに関連が見られなかったもの。

の人物に対するスピードデーティング後の望ましさ評価（短期的パートナーとしての望ましさ、長期的パートナーとしての望ましさ、もう一度会話をしたい程度）が各人物のダークトライアドと関連するかどうかを検証し、その結果、次の表3ようになりました。

全体的に見ると、ナルシシズムが高い人は女性でも男性でも望ましい相手だと思われがちです。さらに、サイコパシーが高い女性も、望ましいと思われがちであることがわかりました。一方で、マキャベリアニズムが高い女性は、むしろ敬遠されがちであることがわかりました。

ナルシシズムが高い人は、やはり良い第一印象を形成することが得意なようです。サイコパシーが高い女性は衝動性ゆえに

後先考えずに勢いに任せて自分のことをアピールするのは比較的得意だと考えられます。

一方で、マキャベリアニズムの高い女性は、男性からどうやって金を引き出してやろう、という思惑が見えてしまうのかもしれません。マキャベリアニズムは富や金銭を求める傾向があり、これは給料の高い職業や高い社会的ステータスにつくことで達成できます。が、女性の場合は、男性から投資してもらうというやり方も、男性に比べれば比較的一般的です。

たとえば、キャバクラや接待のキャストの中にも、上手な人はうまく男性をおだてて、高いお酒を気持ち良く開けさせますが、下手な人は相手の気持ちはお構いなしにシャンパンをねだったりします。その後、そのお客さんは二度とお店には戻ってこない、などはよくあることです。

上手でも下手でもこれはマキャベリアニズムの高いふるまいではありますが、今回の実験では一般人が対象ですので、キャバクラでの下手なキャストの例みたいな人も多く参加していて、それがマキャベリアニズムが高い人ほど好まれないという結果をもたらしたことが予想できます。

ダークトライアドの見た目はモテるかどうかという研究においても、ナルシシストは魅力的だと評価されやすいことがわかっています（Holtzman & Strube, 2013）。特に興味深い点は、ナルシシズムが高い人は化粧やおしゃれをしない素の外見も魅力的だと評価されやすいことがわかった点です。

サイコパシー、マキャベリアニズムが高い人も、化粧やおしゃれなど「ドレスアップした」外見は魅力的だと評価されやすい可能性があるのですが、素の外見で魅力的だと評価されたのはナルシシズムが高い人だけでした。

ナルシシズムは他者からの賞賛を得ることのために労力を費やし、素の外見を磨くこともその労力の1つかもしれません。あるいは、素の外見が魅力的であるからこそ自信を含むナルシシズムが高いのかもしれません。

▼ナルシシズムはマキャベリアニズムとサイコパシーと比較してマシ？

ここまで読んで、ナルシシズムは他の2つのパーソナリティと比較して社会や人間関係に適応しやすいと感じたのではないでしょうか。

結論から言えば、マキャベリアニズム、サイコパシーよりも、ナルシシズムはいくらかマシ、と他者から評価されます。

表4 各評価の平均値

	マキャベリアン	ナルシシスト	サイコパス
好ましさ	0.91	1.8	1.2
友だちとしての価値	0.78	1.66	1.08
魅力	1.29	1.92	1.02
短期的パートナーとしての価値	2.05	2.42	1.48
長期的パートナーとしての価値	0.4	1.03	0.48

最もネガティブな評価値は0、もっともポジティブな評価値は4、どちらでもないのは2。

これを示した研究では、架空の人物の情報に対する好みを分析しました。ナルシシズム、マキャベリアニズム、サイコパシーがそれぞれ高い架空の人物像について、参加者に次の5つの観点から評価してもらったのです。

- どのくらい好ましいか。
- どのくらい友人としての価値があるか。
- どのくらい魅力的か。
- 短期的パートナーとしてどのくらい望ましいか。
- 長期的パートナーとしてどのくらい望ましいか。

それぞれ0〜4点満点で、平均値が0点に近いほどネガティブな評価、5点に近いほどポジティブな評価です。そして、どちらでもないという評価は2点です。

この結果を表4に示しました。ダークトライアドはほとんどがいずれも2点を下回っているので、ネガティブな評価がされがちなことがわかります。

しかし、ネガティブ同士でも、マキャベリアニズムとサイコパシーに比べて、ナルシシズムはマシなほうであることもわかります。

さらに、短期的パートナーとしての望ましさは2点を上回っています。これも、すでに解説したとおり、ナルシシズムは比較的他者との関係性を大事にし、それゆえ社会的な逸脱行動も比較的マイルドであることが影響したのだと考えられます。

このように考えると、ダークトライアドの共通特徴である「冷淡さ」の要素がナルシシズムでは不明瞭であり、したがって、ダークトライアドの1つとして扱うことに疑問が生じる研究者もいます（37ページの議論にも結びつきます）。

マキャベリアンは曇りの日に力を発揮する

さて、ここまでさまざまな研究データを見てきましたが、人間関係や恋愛の適応性や優位性において、マキャベリアニズムが一人負けしているような印象を受けないでしょうか？

安心してください。マキャベリアンがその力を存分に発揮できるタイミングは確実に存在します。それは、ダークトライアドが秘密裏に他者をだましたりズルをする傾向は、物理的に暗い状況のほうがうまくいくだろうという仮説を研究するために、マキャベリアンがモテる天気を明らかにした一風変わった実験で明らかになりました。

研究を行ったのはラースマンら（2014）です。彼は、「求愛プロジェクト」と銘打ち、独身異性愛者男性参加者を募集し、59人が参加しました。[8]

分析では、ダークトライアドと天気の組み合わせ効果（交互作用効果）がナンパで良い印象を与えることに影響するかどうかが検証されましたが、マキャベリアニズムのナンパ成

8　参加者は、参加報酬として自分のパーソナリティをフィードバックしてもらうことに加え、5時間以内に25人の女性にアプローチしたらさらに25ユーロの報酬が与えられる、と説明された。その後、参加者はパーソナリティ検査を受け、続いて自分が映っている20〜30秒ほどのビデオを撮られる。1〜3週間後、男性はナンパを実行するが、その際に2人の協力者がついており、1人はナンパコミュニケーションを評価し、もう1人がそのときの天気を記録した。その後、ナンパされた女性は男性の評価を行い、男性は男性でそのナンパの自己評価を行った。このとき、ナンパされた女性は全部で1395人（424人が独身）。

功度が天気によって変動することがわかりました。[9]
そこで、マキャベリアニズムに注目してさらに詳細な分析を行ったところ、天気が晴れではなく曇りの場合に、マキャベリアニズムが高いほどナンパで良い印象を与えることがわかったのです。良い印象とは、女性側の評価による男性の魅力度や好ましさ、ナンパを観察していた協力者によるコミュニケーションの上手さや自信、男性参加者自身による相手の女性の笑顔度評価です。
さらに、これらの結果は、曇りの日には、マキャベリアニズムが高いほどナンパに自信を持ち（参加者自己評価）、それが自信のある行動を引き出し（協力者による評価）、それによって相手に良い印象を持たれ（女性による評価）、相手の笑顔がより引き起こされる（参加者評価）、という経路であることが明らかになりました。

9 ただし、男性の魅力度と女性が独身かどうかは統制された。

第3章

悪魔合体した一体の悪魔ダークトライアド

前章ではダークトライアドを3つのパーソナリティに分解してそれぞれの個別の特徴を記しましたが、改めてその3人の悪魔を合体させたダークトライアドについて、ここまでに解説していない共通する要素を中心に見ていきたいと思います。

第1章でダークトライアドを構成する3つの特徴を臨床的な診断基準に照らし合わせるとどのような精神疾患と対応するのでしょうか。

ナルシシズムは自己愛性パーソナリティ障害、サイコパシーは反社会性パーソナリティ障害、マキャベリアニズムは猜疑性《さいぎせい》パーソナリティ障害という組み合わせが想定されたりしますが、ここで改めてその妥当性と注意点について考えてみましょう。

▼ナルシシズム↓自己愛性パーソナリティ障害？

先述したとおり、ダークトライアドのうちナルシシズムは臨床的な研究がなされてきました。というのも、一般的に臨床場面で用いられる「精神疾患の診断・統計マニュアル第5版（DSM-5）」の「パーソナリティ障害」[1]の1つに自己愛性パーソナリティ障害というものが定義されることに端を発します。

これまでの研究ではパーソナリティ障害とそうではない人との比較が多くなされてきました。つまり、パーソナリティ障害を「持っている」人と「持っていない」人は質的に異なるというとらえ方で研究されてきました。

しかし、すでに紹介したとおり、パーソナリティ障害は、そのパーソナリティの傾向が極端に高いことで診断されるものであるという考え方が一般的です。ナルシシズムで言えば、ナルシシズムが極端に高いことで自己愛性パーソナリティ障害と診断されますが、障害か否かの境目ははっきりしていません。となると当然、極端なレベルまではいかないけれどナルシシズムが高めの人は低めの人と比較して何が違うんだろう？　という疑問が生まれます。

そのような研究は、もはや自己愛性パーソナリティ障害かそれ以外か（臨床レベルかそれ以外か）の比較ではなく、臨床レベルではない一般社会におけるナルシシズムの個人差が、他のさまざまな個人差のある行動とどのように関連するのか、へと派生した研究です。

ダークトライアドの枠組みでは一般レベルのナルシシズムの個人差を想定しています。

一 あるパーソナリティの傾向が極端に高く、日常生活に支障をきたすような場合に、「DSM-5」のチェックリストに基づきこのような診断が下される。

しかし、もちろん臨床レベルとの連続性を無視しているわけではありません。

当然、一般レベルのナルシシズムは、自己愛性パーソナリティ障害レベルまではいかないものの、それと同じような特徴をその構成要素としています。したがって、ナルシシズムが極端に高い場合は、自己愛性パーソナリティ障害と診断されます。

▼サイコパシー↓反社会性パーソナリティ障害？

「DSM-5」で自己愛性パーソナリティと同じ群（クラスタ）に位置づけられており、サイコパシーと関連しているといわれる反社会性パーソナリティ障害について考えてみましょう。

反社会性パーソナリティ障害の特徴の1つに、「18歳以上」という条件があります。これはどういうことでしょう？

実は、反社会性パーソナリティの特徴である他者への攻撃、不法行為（非行）、衝動性や根気のなさなどは、多くの人々が思春期前後に経験することなのです。そして、やはり多くの人々は成長するにしたがって徐々にそのような行動を抑えられるようになります。

つまり、反社会性パーソナリティ障害は、子どもの頃によくあるようなやんちゃな傾向が大人になっても残っていて、かつそれが極端なために日常生活に支障をきたす人に下される診断と言えます。[2]

ここで、サイコパシーの本来の概念を思い出してみましょう。サイコパシーは犯罪の文脈、あるいは囚人を対象とした研究が始まりです。つまり、「DSM-5」に基づくような精神疾患とは独立してなされてきた多くの研究があります。その中で、サイコパシーという概念が確立されましたが、それは大きく分けて2つの側面から構成されるものでした。そのうちの二次的な特徴（SP）は衝動性や反社会的な行動などを特徴とするもので、反社会性パーソナリティ障害と一致する要素です。

ただ、すでに述べたようにSPはいわばサイコパシーの副次的な特徴で、冷淡さや他者操作性（他者を自分の目的のために道具的に扱う）といった特徴である一次的特徴（PP）こそが、反社会性パーソナリティ傾向とは異なる、サイコパシーをサイコパシーとして特徴づけるものでした。そのような意味で、診断名としてのサイコパスは反社会性パーソナリ

2　ただし、子ども（15歳未満）であっても、やんちゃレベルを超えた極端な怒りっぽさ、他者への攻撃、残虐性、モノの破壊や窃盗などといった傾向があれば、それに対応する精神疾患として診断される（たとえば素行症）。また、反社会性パーソナリティ障害の診断の条件には素行症歴があることも挙げられる。

ティ障害とは異なるものであると言えます。

しかし、「DSM-5」には「サイコパス」という定義がないため、反社会性パーソナリティ障害として診断されるわけです。

マキャベリアニズム↓猜疑性パーソナリティ障害？

ナルシシズム、サイコパシーとは異なり、マキャベリアニズムが極端に高い場合に下される診断はありません。

しかし、マキャベリアニズムの特徴ごとに、それぞれが強い場合に診断される可能性のある精神疾患はあり、その1つに猜疑性パーソナリティ障害も含まれます。猜疑性パーソナリティ障害は、猜疑性パーソナリティ傾向が極端に高い場合に下される診断名です。

特徴として、他者のふるまいが自分に対する悪意あるものと解釈し、それによって他者に対する過度な不信や疑い深さを示すという傾向があります。これらはマキャベリアニズムの特徴と一致する部分もあります。実際に、マキャベリアニズムが高い人ほど猜疑的な傾向が強いことも示されています（Christoffersen & Stamp, 1995）。

しかし、マキャベリアニズムはさまざまなパーソナリティ障害の傾向と共通要素を持ちます（相関します）。したがって、マキャベリアニズムが高い人が何らかの診断を受ける場合、どの特徴が極端であるかによってその診断は異なるでしょう。

マキャベリアニズムとパーソナリティ障害の関連性を整理したジャハンギールら（2024）のレビューによれば、冷淡さ・共感性の欠如やだまし、対人操作やモラルの軽視などは、それぞれ反社会性パーソナリティ障害、自己愛性パーソナリティ障害、境界性パーソナリティ障害[3]と関連し、他者を気にかけない傾向はシゾイドパーソナリティ障害[4]との関連を示します。猜疑性パーソナリティ障害と特に関連するのは、シニカルな世界観や他者への不信・疑念といった特徴です。

このように、ダークトライアドはそれぞれが極端であればパーソナリティ障害として診断される可能性があります。ただし、必ずしもパーソナリティ障害と診断されるわけ

3　感情、対人関係、自己イメージが極端に不安定なことを中心的な特徴とするパーソナリティ障害。衝動的な行動をとりがちだったり見捨てられることへの強い不安を抱きがちである。

4　対人関係や社会的な交流に対する興味や欲求が極端に低いことを特徴とするパーソナリティ障害。他人の干渉を避け、孤立を好みがちである。

ではなく、特定の過剰な特徴に対して診断が下る可能性もあります。

したがって、「診断基準に当てはめると○○」というのは完全な誤りとは言えませんが、必ずしも一対一で対応しているわけではないため、正しいというわけでもありません。あくまで、診断名は治療のためのラベルであることに注意する必要があります。

▼ダークトライアドとＩＱの相関関係

ダークトライアドが高いとＩＱも高く、だから悪知恵が働く、という直感を持っている人も多いでしょう。しかし現在のところ、そのような確たる証拠はありません（O' Boyle, 2013; Michels, 2021）[5]。それどころか、サイコパシーに関しては、高いほどＩＱが低い可能性が示されています。

あるいは、ダークトライアドが高い人は、全般的なＩＱではなく悪知恵に特化して頭の回転が速い、ということも考えられるかもしれません。実際に、ダークトライアドは他者に対して嘘をついたりお世辞を言ったりして人をうまく扱うようなイメージがあります。

しかし、残念ながらこの説も支持されていません。ダークトライアドと嘘の上手さとの関連を検証した研究では、ダークトライアドが高いからといって嘘が上手であるということは示されませんでした。

つまり、ダークトライアドが高い人の中にも、ＩＱが高い人もいれば低い人もいるということです。

ＩＱとＥＱから考える「成功する」「失敗する」ダークトライアド

ＩＱとは異なる概念として、感情知能（ＥＱなどと呼ばれます）という概念があります。

これは、具体的には、自分や他者が、どのような感情なのかがわかる、入り混じった感情が生じていることや、なぜそのような感情になっているのかがわかる、判断や記憶に感情を上手に利用できる、感情を制御したり調整したりできる、といったものです。ＩＱは、学力をはじめとする学校のテストなどで測定される知能に主軸が置かれるものですが、ＥＱは、感情やコミュニケーションなど、学校のテストでは測定されません。

5　ただし、高校生でマキャベリアニズムが高い人では、その場の状況に柔軟に対応することに関する知能（流動性知能という）が高い傾向にあるという知見もある（Kowalski et al., 2018）。

さて、ダークトライアドはＩＱとの関連は示されませんでしたが、このＥＱとの関連は示されているのでしょうか。他者をうまく扱う（という直観）からは、ダークトライアドが高い人ほどＥＱが高く、他者の感情を把握して制御し、円滑なコミュニケーションをはかりながら自分の思い通りに動かしているかもしれません。

しかし実際には、ダークトライアドが高いほどＥＱが低い、あるいは無関連という知見が多くの研究で示されています（Miao et al., 2019; Walker et al., 2021）。つまり、ダークトライアドと感情の扱いは無関連か、あるいはむしろダークトライアドが高い人ほど感情の扱いが上手ではないということが明らかになっています。

ただし、ダークトライアドとＩＱやＥＱに関連が示されない、ということは、ダークトライアドが高い人の中にはＩＱやＥＱが高い人も低い人も同じくらいの割合でいるということです。ダークトライアドが高く、かつＩＱやＥＱが高い人は、それを活かして悪知恵を働かせて他者を出し抜き、成功するかもしれません。逆に、ダークトライアドが高く、かつＩＱやＥＱが低い人は、社会的な関係性を学習する機会を失い、犯罪に手を染めてしまうかもしれません。

▼リーダーシップもパーソナリティそれぞれ

すでにダークトライアドの各々の特徴で紹介したように、いずれもリーダーシップポジションを担っていたり、高い社会的地位を有していたり、あるいは良い給料を受け取ったりすることとの関連が示されています。

しかし、ダークトライアド同士には共通要素があることを忘れてはいけません。たとえば、サイコパシーと職業的な成功との関連は、サイコパシーそのものではなく、サイコパシーとナルシシズムとの共通要素が影響しているかもしれません。

もっと具体的に言えば、サイコパシーとナルシシズムで共通する「自分はすごいぜ感（誇大性）」が影響しているかもしれません。ダークトライアドとして3つを同時に扱うことで、このような共通要素を除外して、各側面に特有な要素との関連を検証できます。

たとえば、サイコパシー全体からダークトライアドの共通要素を除外したもの、つまり社会的な逸脱傾向や衝動性といった特徴が職業的な成功と関連するのかどうかを検証することができます。

表5　各ダークトライアドの特有の要素と職業に関する変数との関連

	リーダーシップポジション	給与	キャリア満足感
マキャベリアン	+		
ナルシシスト		+	
サイコパス	−	−	−

このようなことを考えると、各ダークトライアドに特有の要素はリーダーシップポジションにつくこととどのように関連するのでしょうか。

スパークら（2016）はドイツの25～34歳の就職したての793人のデータを用いてそのような研究を行っています。ここでは、就業場面における主観的成功（キャリア満足感「全体的なキャリア目標の達成に向かっていることに満足している」など）と客観的成功（給料の高さ、リーダーシップポジションにあること）を測定しました。

分析の結果は表5のとおりで、マキャベリアニズムやナルシシズムが高いほど客観的成功（リーダーシップポジションについたり給与が高い）を収める可能性が高いのですが、サイコパシーはむしろ客観的成功を収めにくいことがわかります。また、キャリア満足感も、サイコパシーが高いほど低いことがわかりました。30ページで紹介したように、ダークトライアドの共通要素を除外したサイコパシーの要素は、社会的逸脱や衝動性です。このような要素は仕事で失敗を繰り返したり問題を起こすことにつながります。そのため、客観的成功がしにくく、それに関連して満足感も低いのだと考えられます。

18地域から1万298人もの参加者を集めて調査した大規模な研究でも、ナルシシズムが高いほど社会的地位の高い職業につき、一方でサイコパシーが高いほど社会的地位が低い職業についていることが明らかにされています（Aluja et al., 2022）[6]。

この研究では、社会的地位の高い職業として大企業の経営幹部、経営者、管理者など、低い職業として単純作業や軽作業などを設定しており、また、社会的地位の高い学歴として大学院や大学卒業レベルを、低い学歴として中学校卒程度かそれ未満を設定しています（もちろん、これは職業や学歴を差別しているわけではありません）。やはり、ダークトライアドのすべての側面が社会的成功と関連するというよりも、ナルシシズムが高いことが一貫しているようです。

一方で、サイコパシーは社会的成功を収めることが困難であることで一貫しています。

6 なお、マキャベリアニズムと社会的地位の明らかな関連は示されなかった。

サイコパシーの要素を考えれば納得できますが、さらに、サイコパシーは飽きっぽく物事が長続きしないという特徴もあり、仕事もすぐに辞めたり転々としたりします。社会的成功はある程度継続することが求められますので、やはりサイコパシーが高い人にとっては苦手分野なのでしょう。

サクセスフルサイコパスを考えるとこの知見は一見矛盾しているように見えます。ですが、そもそもサイコパシーが高い人の大半は衝動性や社会的逸脱や退屈しやすさがネガティブに働いてしまいます。サクセスフルサイコパスのような、冷淡さや他者操作性を備えながら問題行動を起こさず自分を制御しているというケースのほうがむしろ稀であるとも言えます。

▼ストライクゾーンが広いダークな人たち

ダークトライアドが高い人のほうが低い人に比べて性的パートナー数が多いことがわかっています。しかしこれは、ダークトライアドの高い人がモテるということでは必ずしもないようです。

考えられる理由の1つは、ダークトライアドが高い人は、パートナーの選択基準が低い、つまり誰でもいいという傾向が高いということです。

ジョナソンら（2011）はこの点について調査を行いました。対象者は242人の学生で、短期的・長期的パートナーとしてどのような特徴の受け入れ基準を低く設定できるかどうか、つまり「妥協」できるかどうかを測定しました。挙げられた特徴は、社会階層、創造性、親切さ、活発さ、身体的魅力です。これらに対する妥協が、ナルシシズム・マキャベリアニズム・サイコパシーを合計したダークトライアド得点とどのように関連するのかが検証されました。

分析の結果、まず、短期的関係のほうが長期的関係に比べて妥協することがわかりました。これはダークトライアド傾向に関係なく、長期的関係のほうをより慎重に考える人が多いはずなので、驚くべき傾向とはいえないでしょう。

しかし、短期的関係の基準に関して、男性においてのみですが、ダークトライアドが高い人は低い人に比べて全体的に妥協しやすいことが示されました。さらに細かく言えば、特に創造性と親切さが妥協されることがわかりました。ダークトライアドが高い人にとっては、セックスできればいいので、親切かどうかや、考え方のユニークさといった特徴はどうでもいいのかもしれません。

▼寝取り寝取られ：特徴的なパートナー関係

もう1つ、ダークトライアドが性的パートナーが多い理由として挙げられるのが、浮気や不倫です。浮気や不倫はダークトライアドが高い人に特徴的です（Brewer et al., 2015; Jones & Weiser, 2014）。

また、ダークトライアドが高い人は、他者のパートナーを寝取ったり、自分のパートナーが寝取られたりと、パートナー関係が流動的です。これはダークトライアドの中でもナルシシズムとサイコパシーで顕著です（Jonason et al., 2011; Kardum et al., 2015）。

一方で、マキャベリアニズムが高い人がそのような傾向があるかどうかは研究によって異なっています。マキャベリアニズムは状況によってやり方を変えるため、一貫した結果が示されないのは当然かもしれません。事実、ナルシシズムやサイコパシーが短期的なパートナー関係を結びがちで長期的なパートナー関係を避ける傾向がありますが、マキャベリアニズムはいずれの関係も形成することがわかっています。

ナルシシズムやサイコパシーが一貫してこのような傾向を示す理由として、短期的パートナー関係を求めるためであるということもあるのですが、同類交配（assortative mating）という現象からも説明できそうです。これは、「似た者同士がカップルになる」という現象です。真面目そうな人は真面目そうな人とカップルになっていたり、やんちゃな人はやんちゃな人と、サブカル系の人はサブカル系の人とカップルになっていたりします。このような現象は見た目が似ているというだけでなく、中身、つまりパーソナリティの同類交配も見られます。

当然、ダークトライアドが高い人はダークトライアドが高い人とカップルになることが考えられます。ジョナソンら（2015）による研究の結果、おおむね予想どおりの結果が示されました。この研究では、「パーソナリティとデート広告」という名目の実験が行われました。これは、参加者に架空の異性の自己紹介広告を読んでもらい、その人物が長期的・短期的なパートナーとしてどのくらい望ましいのかを評価するものです。自己紹介広告はマキャベリアニズム・ナルシシズム・サイコパシーがそれぞれ高い人と低い人の6種類です。

分析の結果、全体的には評価者のパーソナリティに関係なく、ワンナイトラブの相手としてはダークトライアドの各側面が高いことを反映する自己紹介広告が望ましいという評価がなされ、結婚パートナーや子どもの親としては各ダークトライアドが低いことを反映

表6　同類交配が見られたダークトライアド側面

	短期的パートナーとして望ましい	長期的パートナーとして望ましい
男性の自己紹介広告	サイコパス	サイコパス マキャベリアン
女性の自己紹介広告	サイコパス	ナルシシスト(ー)

ナルシシストの「(ー)」は、マイナスの傾向、
つまり長期的パートナーとして望ましくない、ということを示す。

する自己紹介広告が望ましいと評価される傾向にありました。

同時に、一部例外はありますが、参加者の各ダークトライアドが高いほど、同じような自己紹介広告を望ましいという評価がなされる傾向がありました（表6）。

このようなことから、寝取り寝取られする傾向がダークトライアドが高い人同士で頻繁に発生しているのだと考えられます。

ただし、男性参加者でナルシシズムが高い人ほど、ナルシシズムが高い女性の自己紹介広告を長期的パートナーとして望ましくないと評価する傾向にありました。これは、ナルシシズムが高い人は自分が一番だと思っているので、同じように自分が一番だとアピールする他者を敬遠するのでしょう。

▼性欲の強さゆえか？　それとも暴力としての行動か？

性欲と性犯罪は異なるものですので、それぞれ分けて見ていきましょう。

実は、強制性交などの性犯罪は一概に性欲によるものというよりは、リベンジのために相手の尊厳を踏みにじるためのもので、どちらかというと暴力の一形態であると考えることもできます。

ダークトライアドとこのような性犯罪には正の関連がありますが、ダークトライアドの特徴である攻撃性の高さや他者に対する敵意からも、これは納得できる関連です。また、ダークトライアドが高い人は相手の浮気に敏感だったり、嫉妬《しっと》を覚えやすいという特徴もあります。嫉妬とダークトライアドの関連は、同性愛の人であっても変わりません（Barelds et al., 2017）。また、本邦で筆者らもダークトライアドと嫉妬の関連を検証してみましたが、やはりこれまでの研究と一致した結果でした。

ただし、浮気に対する敏感さや、それに対する復讐《ふくしゅう》の意図については、各ダークトライアドの側面によって、やや異なる関連も示されています。ブリューワーら（2015）の研究では、ダークトライアドの中でもナルシシズムとサイコパシーが高い人ほど浮気を疑いがちで、また、サイコパシーが高い人はさらにそれに対して復讐しようとしがちであることがわかりました。

人は、自分の持っている感覚は他者も同じように持っていると思う傾向があります。この現象を踏まえると、ダークトライアドが高い人たちは、自分たちが浮気しがちなので、相手も浮気をするだろうと考えるわけです。

▼「レイプ神話」を信じるダークトライアド

男性から女性に対する性犯罪について、レイプ神話という信念が重要な要素の1つとして挙げられます。これは、レイプや性被害に対する誤った認識であり、たとえば「女性は乱暴なセックスを求めている」「露出の多い服装の女性は性被害に遭いたがっている」「本気で抵抗すれば性被害は免れたはず」などといったものです。性犯罪者ではこのような認識を持っていることが多いのですが、これはダークトライアドが高い人にもいえるのでしょうか。

答えはイエスです。

ダークトライアドが高い人はレイプ神話を受け入れる傾向が高いことがわかっています（Beckett & Longpré, 2024; Galán et al., 2024）。さらに、レイプ被害者に対して共感しにくく、一方でレイプ加害者には共感しやすいことが明らかにされています（Jonason et al., 2017）。このような傾向は、ダークトライアドの中でも特にサイコパシーで顕著です。

ダークトライアドが高い人、特に男性では性的な強制（相手が酔っているのを利用した、縛るなどの物理的な力の行使）をする傾向が高いことも示されています。女性の場合は、ダークトライアドの中でもナルシシズムが高い人の場合にこのような傾向が示されます。ナルシシズムの相手より優位に立ちたいという傾向は、性的な場面においても性別は無関係のようです。一方、マキャベリアニズムやサイコパシーが高い人は、男性に限って性的な場面での相手の支配に結びつくのでしょう。

また、パートナー暴力の1つである性的暴力（嫌がっているのに性的な接触をしようとするなど、性的な嫌がらせ）は、男性ではダークトライアドのいずれも高い人ほど加害の可能性が高かったのですが、女性ではダークトライアドの中でもサイコパシーが高い人でのみこの関連が示されました（Kiire, 2017）。

性的暴力は性欲の発散というよりも復讐のために使われるため、ナルシシズムよりも、後先考えずに攻撃行動をとりがちなサイコパシーが高い人で顕著だったのかもしれません。

最近ではマッチングアプリを介した性的な犯罪に関わる行動も見られます。たとえば、ダークトライアドが高い人は、マッチングアプリ上で性的な写真を送り付けるなどの嫌がらせをしたり、マッチングして会った相手の性的な写真を盗撮するといった行動をとりがちなことがわかっています（Gunnoo et al., 2024）。また、このような行為にはオンライン上での積極性（online disinhibition: オフラインよりもオンライン上のほうが自信があるなど）の高さによって促進されますが、ダークトライアドが高い人はそのような傾向が高いこともわかっています。

しかし、収監者レベルの性犯罪になると様子は少し異なります。メケンカンプら（2020）による囚人88人を対象とした研究では、性犯罪者と暴力犯罪者を比較すると、サイコパシーやナルシシズムは暴力犯罪者のほうが高いのです。ナルシシズムやサイコパシーが極端に高い場合は、性犯罪に限らず多くの犯罪に関与するため、一般的に実行されやすい暴力犯罪で収監されることが多いと見ることができます。性犯罪者のみを対象とした研究でも、サイコパシーやナルシシズムが高いほど、暴力的な傾向を伴うことが示されています（Balcioglu et al., 2024）。

表7 空想のタイプと各ダークトライアドの関連

	親密さを求める	探究的なもの	自分の欲求解放	サドマゾ的なもの
関連するダークトライアド特徴	ナルシシスト サイコパス	ナルシシスト サイコパス	ナルシシスト サイコパス マキャベリアン	ナルシシスト サイコパス マキャベリアン
共通要素を除外した各ダークトライアドに特有の関連	ナルシシスト		サイコパス	サイコパス

ダークトライアドが高い人は性欲が高いのか

性欲そのものについてもダークトライアドが高い人ほど高いことが示されています（Baughman et al., 2014）。そして、ダークトライアドが高いと性的な空想をしがちです。

この研究では性的な空想のタイプとして、親密さを求めるもの（いわゆる情熱的なセックス）、探究的なもの（スワッピングや複数プレイなど）、自分の欲求解放のためのもの（知らない人とのセックスや特定のフェチを満たすものなど、相手が特定の誰かである必要がないもの）、サドマゾ的なもの（いわゆるSMプレイ）に関するものに分け、ダークトライアドの各側面によって空想するものが異なるかどうかが検証されました。

分析の結果、全体として、ダークトライアドが高いほどタイプによらず空想しがちであることがわかりました（表7）。

特有の関連について考えてみると、ナルシシズムが他者と関わる傾向が親密さを求める空想に結びつき、サイコパシーの衝動性や他者のことを気にかけず自分の欲求に忠実な傾向が自分の欲求解放の空想やサドマゾ的な空想に結びついているのだと考えられます。

▼進化の観点からの解釈可能性

ダークトライアドが高い人が短期的なパートナーを求めることについて、進化論の立場から考察することもできます。ただし、進化論の議論は誤解を生みやすいので、ここでは簡単に触れたいと思います。

私たちは後世に遺伝子が受け継がれることを繰り返してきました。生物の遺伝子がどのように残されるのか、そのパターンは量と質のバランスで表現できます。たとえば、少数の子どもを大事に育てて競争力を高めるパターンは質に偏ったパターンです。一方で、子どもを大量に産み、あまり子育てに手をかけず、生まれた子どものうちの誰かしらが生き残る確率を高めるパターンは量に偏ったパターンです。[7]

どのようなパターンだと遺伝子が残りやすいのかは、その生物が持つ遺伝的要因に加え、置かれた環境によって異なります。

たとえば、頻繁な環境変動といった不安定さや、天敵などが存在し、死の危険が大きいような環境では、大事に育てて質が高まっても、不可抗力によって死んでしまう可能性があります。そうなると当然、遺伝子が引き継がれる可能性もなくなります。するとこのような環境では、子どもを大事に育てることにエネルギーを割くのではなく、子どもをできるだけ大量に産み、誰かが生き残る戦略（質よりも量に偏ったパターン）のほうが、結果的に遺伝子が維持されやすくなります。また、そのようなパターンは将来を見据えたりするよりも今を生き抜くように設計されているので、瞬間的に利益が得られる衝動的な行動パターンや他個体の出し抜きなどといった行動が示されます。

一方で、安定した環境で天敵などがおらず、死の危険があまりない環境では、周りも死なずに生き残るので、後にパートナーをゲットするための競争が始まります。とすると、強子どもを大量に産むことにエネルギーを割くのではなく、少数の子どもを大事に育て、

7　魚類では1回で何百万個もの卵を産むが、哺乳類ではせいぜい数十匹。また、哺乳類の中でも、ネズミなどでは毎月数匹産むが、ゾウなどは数年に1回。生物種間でも量と質のバランスの違いがある。

い子どもが競争で勝つ戦略（量よりも質に偏ったパターン）のほうが、結果的に遺伝子が維持されやすくなります。また、それだけではなく将来を見据えた利益を追求するように設計されているので、他個体との協力や将来を見据えた行動などが示されます。[8]

右記は種間についての説明です。私たちヒトという種は、生物全体の中では質に偏ったパターンを示します。しかし、ヒトという種内でもバランスの個人差があります。そして、それは種間を説明するのと同じようなロジックで整理できます。

つまり、ヒトの中でも異なる遺伝子が維持されていることに加え、幼少期の環境はさまざまです。泣いたり笑ったりするたびに応答してくれて、食事や日常の物事が規則的な家庭や環境であれば、それは安定した環境だと考えることができます。一方で、泣いたり笑ったりしてもその反応がランダムだったり邪険に扱われるような環境だったり、食事や日々の物事が不規則な家庭や環境は不安定な環境だと考えることができます。

後者の環境で育った人は前者の環境で育った人よりも短期的なパートナー関係を求めがちな傾向が強まることが考えられます。

しかし、種間について紹介したように、このようなバランスのパターンはパートナー関係だけに影響するのではなく、その個人全体の特徴として形成されます。つまり、パーソナリティとして形成されるわけです。そして、ダークトライアドが高い人の特徴は、質より量のバランスに偏ったパターンを反映しているのではないかという議論があります。

衝動的に動いたり、他者への攻撃や欺くことは長期的に見ればあまり利益をもたらさないかもしれませんが、その場の利益はもたらすかもしれません。実際に、ダークトライアドが高い人は、幼少期のネガティブな環境が影響する可能性もあります（↓１８５ページ）。また、ダークトライアドが高い人ほど質より量に偏ったバランスであることも明らかになっています（Jonason & Tost, 2011）。筆者が日本の大学生に行った研究でもこの傾向が示されています（Kiire, 2017; 2019; 2020）。

ただし、１９０ページでも言及しますが、ヒトのパーソナリティに影響する要因はさまざまですし、幼少期の環境状態ですべてが決まる、という単純なものではなく、かつ遺伝的要因も影響していることに注意してください。

なぜ男性のほうがダークトライアドが高い人が多いのか？

ちなみに、実はダークトライアドには一貫して性差が示されていて、男性のほうが女性

8　エネルギーは有限であるため、量も質も高めることはできず、あちらを立てればこちらが立たず、という状態になる。これをトレードオフという。今回の場合でいえば、量と質のトレードオフとなる。

よりも高い傾向が示されます。

これは、全般的に女性に比べて男性のほうが質より量に偏ったバランスであることと関連します。女性の場合、卵子には限りがありますし、生成コストもかかります。さらに、妊娠中のエネルギーは女性が賄い、その後の子育ても基本的には女性のエネルギーで賄われますし、そのような期間があるからこそ、性関係を持てば持つほど子どもが増える、ということにはなりません。

となると、一人ひとりの子どもの質が重要になってきます。そのため、量より質に偏ったパターンを示しやすくなります。

しかし、男性の場合、精子はほぼ無限に生成でき、コストもほとんどかかりません。また、妊娠期間などがあるわけではないので、理屈上、性関係を持てば持つほど子どもが生まれる可能性が高まります。そうなると、パートナーと協力して少数の子どもを育てて強くするよりも、いろんな人と性関係を持って精子をばらまいたほうが、結果的に遺伝子が維持される可能性が高まったりしますので、質より量に偏ったパターンを示しやすくなるのです。

ただし、これにも当然個人差があり、一概に男女とダークトライアド（や量と質のバランス）との関連を規定するものではありません。身長に置き換えれば、平均的に男性のほうが高いものの、もちろん個人差があり、その傾向に合致しない人がいるのと同様です。

▼欺瞞的シグナリングを見破る

HSPをアピールしがち？

HSP（Highly Sensitive Person）という言葉が一般化しました。ただ、実は多くのHSPの認識は間違っていますので、まずそれを軽く説明したうえで、「自分はHSPである」と公表することでどんなことが起きるのか、ダークトライアドが高い人は「私はHSPだ」と公表することがどう関係するのかどうかを見てみます。

一般に認識される誤ったHSPのイメージは、「精神的に弱いけど特異な潜在能力を持つ人物」です。が、学術的には、「環境感受性が高い人」としてHSPというラベルが使われます。環境感受性が高い人は、視覚や聴覚といった感覚が敏感で、それゆえ周囲の環境の影響を受けやすい人です。たとえば、大きな物音や強い光などに普通の人よりもびっくりしがちだったり、一緒にいる人の気分に左右されがちだったりというような特徴があります。

このようなHSPの特徴は、「一般社会になじもうとしてもなかなかなじめない、やさしく扱われるべき人」のような印象（弱者認識）を持たれたりします。つまり、「ＨＳＰが高い人には同情や援助の価値がある」と世間一般的には思われているわけです。ということは、自分はＨＳＰであるということをアピールすれば、同情や共感、あるいは援助といった恩恵が得られるかもしれません。このような下心から嘘のアピールをすることを「欺瞞的《ぎまんてき》シグナリング」といいます。

ダークトライアドの特徴は嘘をついたり他者を欺いて思い通りに動かすなどといったものです。これを考えると、当然、ダークトライアドが高い人は、このような欺瞞的シグナリングを使って他者から同情を誘い、特別の配慮やさしい扱いなどといった恩恵を不当に引き出せるわけです。

このような発想から、ダークトライアドと「自分はＨＳＰだ」とアピールする傾向との関連が検証されました（Moroń et al., 2024）。

結果は、ダークトライアドの中でも、ナルシシズムが高い人ほどＨＳＰであることを公表することがわかりました。悲劇のヒーロー・ヒロインを演じて認められたり特別な扱いを要求することが、このような結果につながったのだと考えられます。

右記は海外の知見ですが、日本では、ＨＳＰに対する誤った認識のおかげで、もっと顕著にダークトライアドの関連が示されるかもしれません。

「実はすごい人」というHSP神話の嘘

本邦において、一般的に認識されている誤ったHSPの認識は次のようなものです。人間関係においても、他人に気を使いすぎて、共感力が高すぎるために、相手のちょっとした言動を気に病んだりしている人です。「繊細さん」や、「心が疲れやすくて生きづらさを感じやすい性質」という言葉で語られることがあります。一方で、魂のレベルが高く、隠れた特別な才能があり、ある領域では天才的な能力を発揮する、なんて言われたりもします。つまり、「精神的に弱いけど実はすごい人物」のような印象です（何度も言うようですが、これらはすべて誤った認識です）。

このような誤った認識によって、「HSPの人は『本当はすごい人なのに本来の力が発揮できなくて』かわいそう」といったような、「かわいそう」だけではない追加的なシグナリング要素が含まれてきます。つまり、日本におけるHSPシグナリングは、弱者シグナリングだけでなく「本当はすごい人なのに」シグナリングも合わさるわけです。

そうなると、ダークトライアドが高い人は、自分が良い扱いを受けたり恩恵を得るために、このシグナリングを使うモチベーションはより高まると考えられます。

そもそも本来の正しいＨＳＰとは何か？

先ほども軽く触れましたが、さまざまな個人差がある私たちの心の特徴の中には、環境感受性というものがあります。それは、環境からの影響の受けやすさのことであり、先ほど紹介したダークパーソナリティやその他のパーソナリティ、あるいは身長や体重のように、とても低い人からとても高い人まで連続的に存在しています。「ＨＳＰ（highly sensitive person）」というラベルは、この環境感受性が高い人たちに与えられるラベルです。

環境感受性が高いということは、たとえば虐待的な家庭環境といったストレスフルな環境からよりネガティブな影響を受ける可能性がありますが、安定的で応答的な家庭環境といったストレスフリーな環境からはよりポジティブな影響を受ける可能性もあります。つまり、ＨＳＰの特徴は、「良い・悪い」といった価値判断とは無関係の、「事実として環境からの刺激に対する処理や知覚が強い人」であって、それ以上でもそれ以下でもありません。

そしてラベルといっても「治療のための診断ラベル」ではありません。言ってしまえば身長の個人差によって「高身長」とラベルをつけるようなものです（「高身長」とラベルがついたからといって、それは治療のための診断名でもなんでもありません）。[9]

ですが、このようなラベルの解釈が一般的には誤って広まり、それと同時にＨＳＰの誤った認識が広まったのだと考えられます。これは、診断名であるはずの「サイコパス」が、「犯罪者予備軍」「何を考えているかわからないヤバいやつ」という間違ったイメージで広まってしまったことにも関連する現象です。

「自己開示」と「自己呈示」の違い

HSPの人が「自分はHSPである」と公表することは何ら不思議なことではありません。欺瞞的シグナリングとしてのHSPアピールは、本当はHSPではないのに「自分はHSP」であると公表することです。

この点について、自己開示と自己呈示の違いについても確認しておきましょう。自己開示と自己呈示は、似ているようでまったく異なるものです。

自己開示とは、本当の自分をさらけ出す（開示する）ことで、仲良くなるにしたがってなされることが一般的です。一方で、自己呈示とは、相手に持ってほしい印象をプレゼンテーション（呈示）することです。たとえば、初めて知り合う異性に「クールに見られた

9　HSPというラベルによってなんとなくイメージがつかみやすいものの、逆に、そのイメージにとらわれてしまったり、ラベルをつけることによって偏見や差別が生じることもある。したがって、ラベル付けとしてのHSPは手放しで肯定されるべきものではない。

い」という気持ちから、普段は仲間内ではおちゃらけているにもかかわらず、その異性の前ではクールぶったりする、といったようなものです。

おそらく多くの人が、学校、職場、趣味・サークルなどに初めて参加したときや、初めて出会う人の前では、自分自身を100％さらけ出したりはしないでしょう。むしろ、相手に「こんな印象を持ってほしい」という欲求に沿った自分像を演出します（自己呈示）。しかし、一緒に過ごして気心が知れたり、関係が深まったりするにしたがって、徐々に本当の自分をさらけ出していきますし、相手も同じように徐々に本当の自分を見せてくれます（自己開示）。

つまり、本当にＨＳＰである人が「自分はＨＳＰである」と公表することは自己開示ですが、ダークトライアドが高い人が「自分はＨＳＰである」と嘘の公表をするのは自己呈示です。

欺瞞的シグナリングは、（それが嘘か本当かはさまざまですが）「こんなふうに自分をとらえてもらいたい」という自己呈示を上手に使うことで利益を得るという効果があります。

▼美徳&被害者シグナリングに惑わされるな

実は、欺瞞的シグナリングの1つに美徳シグナリング（virtue signaling）というものがあるのですが、ダークトライアド特性が高い人は、総じて美徳シグナリングをする傾向が高いようです。

美徳シグナリングとは、自分は善良で誠実な人物であるということをアピールする（シグナリングする）というものです。重要なことは、実際に善良で誠実でなくても、他者に向けて清廉潔白であるような人物であることのアピールという点です。

たとえば、「自分なんかほんとうに大したことないのに、こんな大役を任されてしまって……」などのように謙遜《けんそん》しつつ人から信頼された実績をアピールすることも美徳シグナリングの1つです。他にも、「僕は早寝早起きして、朝はいつも近所の掃除をすることが日課になっているんだ」などの意識の高さをわざわざアピールするような言動や、「私は世界が良くなってほしいからいつもコンビニでもらったお釣りは募金することにしているの」などの善行や、あるいは社会貢献に積極的に関わっているアピールをわざわざするような言動も、美徳シグナリングです。美徳シグナリングも、まわりから「この人物は立派な人だ、こういう人には自分も応えなければ」と思われることでより多くの恩恵を得られます。

さらに美徳シグナリングにプラスして「被害者である」という被害者シグナリングをするとより相手への影響力は高まります。被害者シグナリングとは、自分の不幸な生い立ちや不当な扱いのされ方をアピール（シグナリング）するというものです。

たとえば、SNSで「もう人生がつらすぎる、耐えられない、こんな私のことは誰も興味ないし、気持ちもわかってくれない、今までもずっとそうだった」といった病み投稿をしたり、「僕はこんなに会社のためを思っているのに、上司はまったくわかってくれないし、それどころか重要な仕事は与えてくれず、僕は窓際に追いやられている」などの言動は、被害者シグナリングの1つです。このようなアピールによって同情や支持が得られることは、みなさんも簡単に想像できるでしょう。

美徳シグナリングと被害者シグナリングを合わせて、（実際はそうではなくても）「自分は高い道徳性を持っていて、善《よ》い人物である（美徳）、そして不当な扱いを受けている（被害）」ということを示すことで、他者からより効果的に恩恵を引き出せるということがわかっています。

表8 欺瞞的シグナリングの種類と各ダークトライアドとの関連

	マキャベリアン	ナルシシスト	サイコパス
被害者シグナリング	+	+	+
美徳シグナリング	+		−
美徳被害者シグナリング	+	+	

「+」は各ダークトライアドが高い人が使いやすい、「−」は使いにくいシグナリング。

たとえば、「自分はいつもコンビニで募金したり、電車内ではご高齢の方に席を譲っているのに、全然報われないしそれどころか会社ではいいように使われて心も体もボロボロ……」というようなアピールを考えてみてください。単に道徳的な人物、あるいは単に不当な扱いを受けがちな人物、ということだけをアピールされた場合よりも、合わせることでより同情したり、この人のために何か力になれないだろうか、などと考えるのではないでしょうか。

繰り返しますが重要なことは、「実際に」道徳的で被害者なのかどうかは問題ではありません。他者にそのように思われるようなアピール、つまり、欺瞞的シグナリングであるということが重要です。ダークトライアドの特徴を考えると、このようなシグナリングも武器の1つとして用いているような気がします。

この点に注目した研究の結果を表8のようにまとめ

てみました。全体的に見れば、被害者シグナリングはダークトライアドのいずれの側面も高いほどより示しやすいことがわかりました（Ok et al., 2021）。一方で、美徳シグナリングはマキャベリアニズムに関連し、ナルシシズムとは関連せず、サイコパシーとはむしろ負の関連が示されました。つまり、サイコパシーが高い人ほど美徳シグナリングを示さない、ということです。

美徳シグナリングと被害者シグナリングを合わせた、美徳被害者シグナリングについてはどうでしょう？　予想どおり、ダークトライアド傾向（マキャベリアニズム、ナルシシズム、サイコパシーのトータル得点）が高い人に特徴的でした。しかし、ダークトライアドをそれぞれ分解してみてみると、特にマキャベリアニズムとナルシシズムが美徳被害者シグナリングという欺瞞的シグナリングを使うということがわかりました。

マキャベリアニズムが高い人の特徴である戦略的他者操作性（計画的で、自覚的・意図的に相手を思い通りに動かしてやろうという他者操作性）という特徴から、意図的に可哀そうな聖人君子を演出するという計算高さによって、他者からの利益を享受するのでしょう。

一方、ナルシシズムは、自分に注目を向けるための行動を示し、そのうちの1つが美徳被害者シグナリングであると考えられます。22ページでも示したように、悲劇のヒーロー、ヒロインを演じるのはナルシシズムに特徴的で、それは欺瞞的シグナリングとして働いているのかもしれません。

さて、美徳シグナリングと被害者シグナリングの合せ技が効果的であることがわかりましたが、ここでもう一度考えてみたいのが前項のＨＳＰシグナリングです。

日本独自のＨＳＰへ対する一般的な解釈として、「ＨＳＰの人は繊細で感受性が強く、周囲に気をつかってばかりいて、それゆえ普通の人よりもストレスや生きづらさを感じているが（被害）、その実、時に天才的な潜在能力を発揮する（実はすごい）」のように、誤ってとらえられています。

そしてこの中の、「繊細で感受性が強く、周囲に気をつかってばかりいて」を「美徳」と解釈することもできます。となると、日本でＨＳＰを自己呈示することは、「美徳シグナリング」「被害者シグナリング」「実はすごいシグナリング」が合わさったトリプル欺瞞的シグナリングであることに気づきます。他人から同情や関心を得るには、非常に効果的なシグナリングと言えるでしょう。

第4章

4人目の悪魔？サディズムについて

▼もう1つの社会的に好ましくない性質

ここまで社会的な問題を起こしがちなパーソナリティとしてダークトライアドを構成する3要素について解説してきましたが、実は同様の傾向を持つパーソナリティの1つとしてサディズムを加え、ダークトライアド（ダークな3つ組み）ではなく、ダークテトラッド（ダークな4つ組み）として研究が進められています。

サディズムというと、SMや徹底的に加虐し、相手の苦痛に歪《ゆが》んだ顔や屈辱や恐怖の表情に快感を覚えるようなイメージを持たれるかもしれません。

それは間違いではないのですが、サディズムにも分類があり、ダークテトラッドとして扱われるサディズムは、一般的なSMとは区別されます。

性的サディズム

サディズムは性的サディズムと日常的サディズムに分類できます。サディズムと聞くと、多くの人が想像しがちなのが前者ではないでしょうか。

本来、サディズムやマゾヒズムは、「性的サドマゾヒズム」として、精神疾患の1つとしてとらえられてきた概念です。

具体的には、おそらくみなさんが考えるとおり、性的なプレイにおける女王様と奴隷の関係です。つまり、性行為において、加虐的な扱いをパートナーに与えたり（性的サディズム）、与えられることで（性的マゾヒズム）性的興奮を覚える傾向です。もっとも、叩いたり首を絞めたりといった身体的に苦痛を与えるものから、拘束や目隠しなどの身体の自由を奪うものだったり、侮辱の言葉などといった精神的な苦痛を与えるものなど、さまざまです。

このような行動特徴は、健常者においても一般的な願望（性的ファンタジー）だったり、あるいは、多数派とまでは言えませんが、パートナー間の同意のもとで実際に取られる行動だったりします。

そのようなプレイに関する概念として、いわゆるSMプレイ志向としてBDSM（緊縛・支配・サドマゾヒズム：bondage/dominance/sadomasochism）というものがあります。これらはあくまで性的関係における「プレイ」で表出されるものであり、このような志向が強いからといって、日常生活に支障をきたすことはあまりないでしょう。

実際に、多くのＢＤＳＭ志向の人の精神疾患レベルは一般人とほとんど変わりません（Connolly, 2006）。したがって、これらの行動傾向があるだけでは精神疾患として診断されるようなものではありません。

ただし、「精神疾患の診断・統計マニュアル第5版（ＤＳＭ-５）」では、パラフィリア症候群（性的倒錯に関する精神疾患カテゴリ）の中に、性的マゾヒズム障害および性的サディズム障害が定義されています。性的サディズム、性的マゾヒズムが極端に高く、本人がそのことによって苦しんでいたり（たとえば日常生活に支障をきたすほどの強烈で頻繁な妄想など）、社会的に被害をもたらす場合（たとえば性犯罪の促進など）、このような診断が下されることがあります。

このように、性的サディズムは限定された関係の中で表出されるもので、社会的に問題を起こしているわけではないので、ダークな傾向というとらえ方はされません。しかし、「日常的サディズム（everyday sadism）」は社会的な問題を引き起こすダークな特徴を備えています。

日常的サディズム

性的サディズムも日常的サディズムも、いずれも加虐によって快楽や喜びを覚えます。

また、共通した特徴として、外向性が高く新しい事柄や刺激を追求する傾向があります。

では、何が2つを分けているのでしょうか。それは。日常的サディズムの快楽や喜びは、性的興奮に限定されないことです。したがって、加虐行為そのものも、性的行為に限定されず、より広範な行動パターンとして示されます。

さらに、それらの加虐行為は自分自身が行為の主体になるような直接的（身体的・心理的）な形態だけでなく、間接的あるいは代理的な形態（たとえば、暴力的な映像や他者の暴力的な行動を観察する）であっても、快や喜びを覚えるという特徴があります。

たとえば、日常的サディズムの傾向が強い人は、他者を不快な気持ちにさせたり傷つけたり、いじめやオンライン上での誹謗《ひぼう》中傷、いわゆるネット荒らし、パートナーへの暴力を振るいがちで、動物虐待などもする可能性が高いことも指摘されています（Buckels et al., 2014; Fernández-del-Río et al., 2021; Buckels et al., 2013; Russell, 2019）。

一般社会においてこのような傾向は、他のダークなパーソナリティと同様にネガティブに働きがちです。つまり、対人関係の問題や、それに伴い社会から排斥される可能性などがあります。

他にも、日常的サディストの特徴としては、残虐な描写があるスプラッター・ホラー映画を好む傾向があります。

図7　スプラッター・ホラー映画好きだからといって、全員が日常的サディズムが高いわけではない

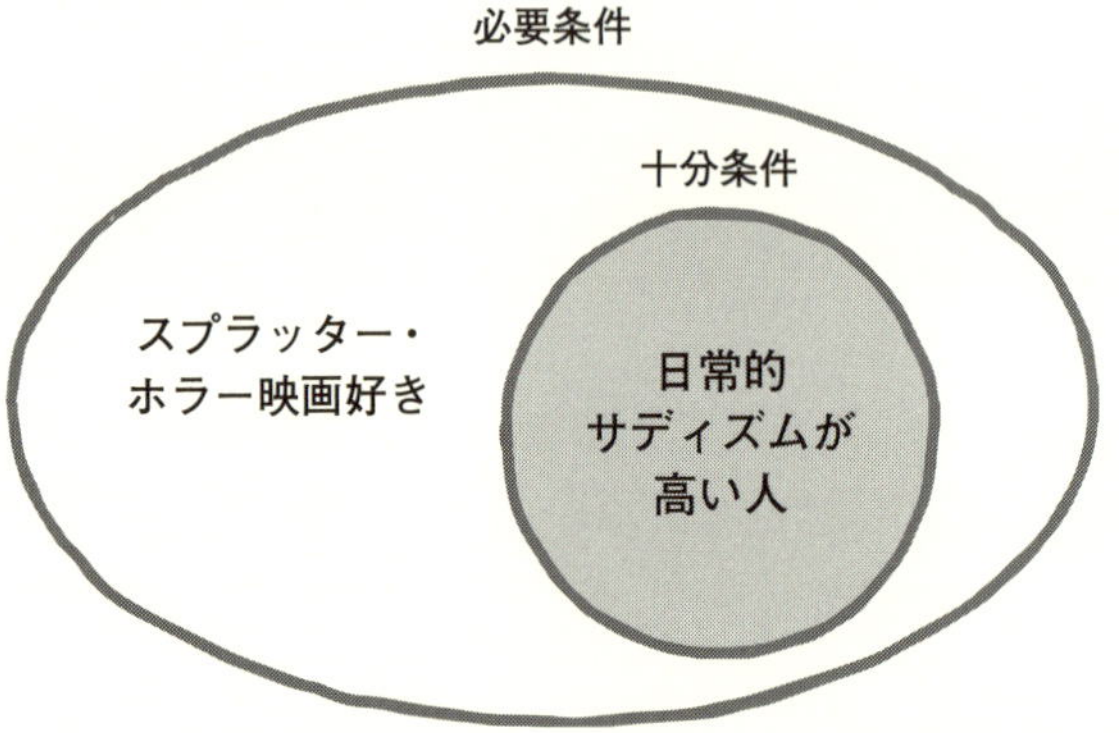

ただし、スプラッター・ホラー映画好きがみんな日常的サディストというわけではないことは注意してください。サディズム傾向が高い人もいれば、サディズム傾向はそこまで高くはないけれど、自分が主人公になった気持ち（同化）になってスリルを味わうのが好きだ、という人もいるでしょう。後者の人は、たとえば人が殴り合っている動画などは好まない可能性があります。

つまり、サディズム（やその他のパーソナリティ）と、その傾向に影響を受けると考えられる複数の個別の（具体的な）心の働きは、論理学でいう必要条件と十分条件のような関係です（図7）。

サディズムが高いことは、スプラッ

ター・ホラー映画好きであることの十分条件です。スプラッター・ホラー映画が好きなことは、サディズムが高いことの必要条件です。このように考えると、私たちはある特定の行動のみからその人をとらえがちですが（たとえば、スプラッター・ホラー映画が好きな人は、サディズムが高い、など）、それはよくある誤謬《ごびゅう》です。

▼日常的サディズムがプラスの効果をもたらすケース

日常的サディズムは他のダークトライアドの性質と同様に、ネガティブな面ばかりではありません。

競争場面、特にスポーツにおいては有利に働く可能性が指摘されています（下司ら、2019）。他者が苦しむ姿を見て喜ぶという傾向は、スポーツ場面においては、対戦相手を苦しめるような行動を動機づけるでしょう。それは具体的には、相手の弱点をついたり、動揺させるなど、対戦相手にとって不都合な状態をつくり出すといったものなどです。サディズム傾向の高い人はこのような戦略を発揮することで、勝利を手にしたり良い成績を残したりします。

言い換えれば、サディズムがスポーツ場面で良い成績を示すことの重要な点は、サディズムの傾向がスポーツ場面における駆け引きの上手さを発揮させるという点です。

ただし、このような現象は特に個人競技で示される一方で、集団競技では示されないことがわかっています。集団競技は対戦相手との駆け引きだけでなく、チームメイトとの協力が不可欠です。サディズムも他のダークパーソナリティと同様に他者と協力することが苦手な傾向があり、したがって、集団競技ではサディズムの駆け引き上手が発揮されないのだと考えられます。

このように考えれば、スポーツに限らず、相手を苦しめるような駆け引きが目標達成に重要で、かつ個人プレイによって目標を追求するような競争全般に、サディズムがプラスの効果をもたらす可能性が考えられます。たとえば、オンラインゲーム（e-sports）やポーカーなどのギャンブルなどでもサディズムの傾向が有利に働く可能性も考えられます。

▼マゾヒズムが高い人は、サディズムも高い？

精神疾患の枠組みであるといえる性的サドマゾヒズムにおけるサディズムと、パーソナ

「サディズムの悪魔」の素顔

性的快楽や喜びを得るための加虐性、高い外向性、刺激の追求

●日常的サディズムは性的興奮に限定されず、加虐的な行動パターンを示す。

●日常的サディズムが高い人はいじめ、オンライン上での誹謗中傷、パートナーへのDV、動物虐待の恐れがある。

●性的サディズムは限定された関係の中で表出されるもので、極端ではなければ社会的に問題があるとはいえない。

●日常的サディズムは、個人競技のスポーツやゲーム、ギャンブルなどの駆け引きにおいて有利に働く。

リティ特性の1つとして位置づけられる日常的サディズムは異なる概念であることはすでに説明しました。

一方で、サディズムの対として語られるマゾヒズムについてはどうなのでしょうか？　実は、マゾヒズムに関しても一般的な個人特性としてのマゾヒズムの研究が進められています。

ただし、このマゾヒズム概念は、日常的サディズムと対極的な概念ではなく、むしろ共通特徴を有する可能性もある概念です。したがって、一般的な個人特性としてのマゾヒズム特性（良性マゾヒズム）が高い人は、日常的サディズムが低いわけではなく、むしろ日常的サディズムも高い傾向にあるようです。

良性マゾヒズム

一般的な個人特性としてのマゾヒズム傾向は、良性マゾヒズム（benign masochism）という概念で研究が進められています。

良性というとその対義語が悪性のように思われますが、そうではありません。サディズムが、性的なプレイでの加虐傾向（性的サディズム）と、日常一般での加虐傾向（日常的サディズム）に分けられるように、マゾヒズムも、性的なプレイにおける被加虐傾向（性的マゾヒズム）と日常一般での被加虐傾向（良性マゾヒズム）に分けられます。いわば、マイルドマゾヒズムと読み替えてもいいでしょう。

これは具体的には、不快な身体経験を求める傾向です。

たとえば、ヒリヒリするような辛い物が好き、マッサージの痛みが好き、チーズの臭《くさ》いにおいが好き、うつ系マンガや胸糞系マンガが好き、悲しい音楽や文章が好き、といったような傾向です。ですので、おそらく皆さんが直観的に思うマゾとは異なっているかもしれません。

しかし、日常をよく思い返してみると、辛い物を好きな人や、恐怖を求めるような人が「マゾ」といじられたりすることがあることからもわかるように、確かにこのような傾向が日常的な被加虐志向であると言えそうです。

そして、実は良性マゾヒズムの傾向が高い人は、日常的サディズムも高いことが示されています。

グレイトメイヤー（2022）が実施した研究によると、サイコパシー、日常的サディズムの傾向が高い人は良性マゾヒズムも高い傾向であることが示され、さらに、死に至らない自傷（爪を噛《か》むなど）の傾向も高いことが明らかになりました。

また、さまざまな味の好みとパーソナリティとの関連の研究では、サイコパシーと日常的サディズムが高いほど苦味を好むことが指摘されています。これらは、刺激を求める傾向に起因するかもしれません。

ただし、日常的サディズムと良性マゾヒズムが両方高い傾向が示されるのに対して、性的サディズム・マゾヒズム（ＢＤＳＭ）は、支配側、従属側が分かれていて、スイッチ（両方を切り替える）の人は割合としては多くありません。コノリー（2006）の研究では、支配側が47・6％、従属側が45・9％に対し、スイッチは6・5％でしかありませんでした。

また、ＢＤＳＭ志向が高い人は性的なプレイでのみ、パートナーに対してのみ、加虐傾向を示す一方で、日常的サディズムは性的なプレイだけではなく日常一般で、パートナーなどに限定されない他者一般に対する加虐傾向です。性的サディズムと日常的サディズムは加虐傾向という点では共通しますが、異なるものです。

したがって、日常的サディズムと良性マゾヒズムとの関連は、性的サディズムと性的マゾヒズムの関連とは別に考える必要があるでしょう。

▼サディズムが強い代表的なキャラクター

例によって、サディズムについても、そのパーソナリティが強いキャラクターを考えてみたいと思います。

『チェンソーマン』のキャラクターには、日常的サディズムが高いキャラクターははっきりとは登場しません。

日常的サディズムは、他者を痛めつけて楽しむという傾向ですので、信念のために殺りくしたり、目障りで邪魔ものだから殺すというものとは異なります。それよりもむしろいたぶったり、デスゲームをさせてそれを外から見て楽しんだり、傷つけることそのものが楽しかったりするのが日常的サディズムです。

そう考えると、主人公のデンジが、公安対魔特異4課のメンバーと閉じ込められたとき、永遠の悪魔が泣き叫ぶまで楽しそうに攻撃し続けたような行動は、日常的サディズム的な行動パターンといえるでしょう。

『ONE PIECE』では何人か登場しますが、ドンキホーテファミリーにはシーザー・クラウンも含め、「他者をいたぶったり傷つけたりするのが楽しい」というキャラクターが多いように思います。

▼5人目の悪魔?「スパイト」の正体

本章では4人目の悪魔としてサディストについて解説してきましたが、実はもう1人の悪魔、ダークな行動傾向として、「スパイト」が注目され始めています。

これは、「自分が損をしてでも相手に損害を与える」傾向です。日常生活でいえば、「所得の低いあいつは所得税をほとんど払ってない！　けしからん！　消費税をもっと上げてそういう人からも税を取るべきだ！」と考えるなどです。このような人は、消費税が上がることでもちろん自分も多くのお金を払う必要がある、つまり損をしますが、それでも嫌いなあいつに損害を与えるためならいといません。

最近では、新型コロナウイルスが流行ったことで出現した、いわゆるマスク警察や自粛警察（マスクをしていない人や外を出歩いている人を過剰に非難したりするような人）も、一部の人にとってはスパイト行動としての活動です。つまり、自分ももちろんマスクを購入して毎日するという手間がかかり、好きなときに外に出歩けないという形で損をしていますが、それによって嫌いな相手を不快にさせたり、ストレスをためさせたりできるのならそれでいい、というものです。

スパイト行動は、実験では多くの人が取り得ることがわかっています。

たとえば、最後通牒《つうちょう》ゲームという方法を用いた実験があります。この手続き例は次のようなものです。

あなたともう1人が、実験者から1万円をもらい、2人で山分けするように言われます。しかし、それぞれにいくらの金額を割り振るかの選択権は相手にのみあって、あなたにはありません。一方で、あなたは相手の提案（金額の割り振り）が気に入らなければ、拒否することができるのですが、もし拒否をすると、1万円は没収され、あなたも相手も一銭も得られません。

この条件で、相手が5000円ずつで山分けしようと提案してくればおそらく多くの人はその提案を受け入れるでしょう。しかし、相手が6000円、あなたが4000円と提案されたらどうでしょうか？　あるいはもっと極端に、相手は9000円、あなたには1000円だけと提案されたらどうでしょう？　合理的に考えれば、相手より低い金額でももらえるのであればプラスのはずですが、多くの人はこのような不平等な提案をされたら「拒否」を選択します。

これも、スパイト的な行動といえますし、そう考えると私たちは意外とスパイト的な行動を日常的にとり得ることも想像に難くありません。

ダークトライアドや日常的サディズムが高い人は、スパイト傾向も高いことがわかっています（Jonason et al., 2017; Moshagen et al., 2018）。ダークトライアドが他者に対して攻撃的だったり優位に立ちたがる傾向や、衝動的な傾向を考えると、他者を下げることにエネルギーを割き、それによって自分も損をするかどうかには目を向けなかったりするのだと考えられます[1]。

このように考えると、ダークな傾向、つまり他者を傷つけたり、社会的に問題を起こしがちな傾向は他にもいろいろ想定できます。ダークトライアドに加え、スパイトだけでなく強欲性や、依存傾向や完全主義のネガティブな側面を包括的にとらえたり（Marcus & Zeigler-Hill, 2015）、ダークテトラッドやスパイト、エゴイズム、道徳の軽視、利己性を考え、その共通する「ダークコア（核）」に注目する研究もあります（Moshagen et al., 2018）。本書ではこれ以上は触れませんが、ダークな傾向に関する研究はまだ発展の余地がありそうです。

1　ただし、最後通牒ゲームでは、サイコパシーが高い人は不平等な提案でも受け入れるという研究もある（Osumi & Ohira, 2010）。金銭的なことの場合には、他者がどんな得をしているのかは関係なく、自分の利益を合理的に求めるのかもしれない。

第5章

他人や自分の悪魔の見抜き方

ここまでダークトライアドの特徴を記してきましたが、なんとなく身近な人の顔を思い浮かべてしまったという読者もいることでしょう。本章では、その解像度をもう少し上げるべく、すなわちダークトライアドが高い人へ対する感度を上げるべく、日常やビジネスにおける言動、成育歴などの角度から探っていきたいと思います。

▼SNS上で見えるダークトライアド

あなたは自撮り画像をSNSにアップしたりするでしょうか？　さらにそれを加工していますか？　SNS上のふるまいを見ると、その人のダークトライアド傾向を把握できるかもしれません。

実はダークトライアドが高い人は、低い人に比べてセルフィー（自撮り）をSNSにアップしがちで、またそれを加工する傾向が高いことが示されています。この傾向は特にナルシシズムで顕著であることがわかっています。

ダークトライアドが高い人は、他者と仲良くするよりも自分がより上に立つような傾向が強いため、SNSが他者に対するマウントの道具として用いられているのでしょう。特に、ナルシシズムの承認・賞賛欲求を考えれば、より美人・イケメンの自分をSNSにアップし、他者よりもより多くの「イイネ」を獲得することに躍起になることは当然といえば当然です。

もちろん、SNSを使っている人の大半は、セルフィーをアップしたことがあるでしょう。そして、少しでも良く見られたいから、多少は盛ったり、アプリを使って遊び半分で加工したりする人は、タイムラインを眺めていればいくらでも見つかります。こうした行為をする人すべてがダークトライアド傾向が高いというわけではありません。これらを過剰に、かつ一貫して行うかどうかがポイントです。たとえば、アップされるほとんどがセルフィーだったり、レストランや有名店での食事をことあるごとにアップしていても、一緒に映る自分の顔がメインになっていたり、みんなで撮った写真はいつも自分だけ加工してアップしていたり、という人が、ダークトライアド傾向が高いといえるでしょう。

また、Facebookでの荒らし行動傾向も、サディズムを含むダークテトラッドが高いことが示されていて、特に、日常的サディズムとサイコパシーの効果が顕著です(Sanecka, 2017)。日常的サディズムやサイコパシーが高い人には、他者をネガティブにさせたい（怒らせる、心配させるなど）という欲求が備わっていて、それがネット荒らし行動に結びついているのです。

他にもさまざまなネット上での問題行動があります。そのような問題行動の多くにダークトライアドが関わります。具体的には、失礼なコメント（いわゆるクソリプ）や、ネット上で他者を攻撃するなどといった行為です（Moor & Anderson, 2019）。

SNSではリアルとは違い、相手の顔が見えなかったり、匿名で意見を表明できます。また、自分の意見に対する責任を軽く見積もるという現象も発生します。自分だけじゃなくてみんなが言ってる！（ので、自分は悪くない）というものです。

これらは攻撃のブレーキを利きにくくするため、ただでさえ高いダークトライアドの攻撃性をより表れやすくしているのだと考えられます。

事実、著名人の浮気報道やちょっとした失敗はすぐ叩かれますし、それは行きすぎた正義感の場合もありますが、単なる誹謗中傷であることも多いことはみなさんもよくご存じだと思います。

さまざまなSNSの発達はこの現象に輪をかけて、一般人であっても簡単に叩いたり叩かれたりされ得る環境を構築していますので、ダークトライアドが高い人たちによるSNS上での問題行動は今後さらに多くのことが明らかになるでしょう。

平気で嘘をつく人はダークトライアド傾向が高いのか？

ベスト&ロングセラーであるM・スコット・ペック『平気でうそをつく人たち 虚偽と邪悪の心理学』（草思社文庫）という本のタイトルが象徴しているように、邪悪な心を持った人は嘘つき、あるいは嘘つきは邪悪な心を持っていると考えている人は多いことでしょう。

では、ダークトライアドの傾向が高い人は、嘘つきなのでしょうか？

ここまでお読みいただければ想像できると思いますが、ダークトライアドの特徴として、嘘は中心的な要素です。ダークトライアドの3つのパーソナリティは他者操作性、つまり他者を思い通りに動かすという共通の特徴を持ちますが、それを実行するために欠かせないのが嘘をつくことです。他者を欺いて自分だけが利益を得る行動にも嘘は大きく関わってきます。ダークトライアドが高いほど嘘をつくことを示す研究をいくつか紹介してみます。

ある状況に自分が置かれていることを想像し、それぞれの場面でどの程度嘘をつく可能性があるか、どのくらい相手が嘘を信じるかどうかを調査した研究があります（Baughman et al., 2014）。状況の想像はシナリオを読むことで行いますが、用意されたシナリオは次の2種類でした。

①「元恋人と内緒で会ってお茶をした」というちょっとした浮気がバレて、パートナーに弁解を求められた場面（パートナー場面）。

あなたと恋人は2年以上交際を続けています。ある日、あなたは元恋人から、会ってお茶をしたいというメールを受け取りました。最初はためらったものの、会うことを決めました。そして、そのことを今の恋人には内緒にしておくことにしました。

元恋人とカフェでお茶をしているとき、それを今の恋人の友人に見られていることに気づきました。その友人はあなたにあいさつなどせずカフェから出ていきました。あなたが家に帰ると、恋人はすでに友人からあなたが内緒で元恋人に会っていたことを聞いていて、言い分があるなら聞いてやると問いただされました。

②大学における単位に関係する課題エッセイのほとんどを友人のもののコピペで済ませた結果、教員にバレてしまい問いただされた場面（学校場面）。

学期末が近づき、課題が山積みですが、試験勉強もしなければなりません。そして、ある重要な課題（エッセイ）の提出期限が迫っていますが、あなたはまだ書いていません。

この課題は成績の40％を占めるもので、かつあなたの得意科目ではありません。あなたは、前年度にこの授業の単位を取った友人に課題を見せてほしいと頼みました。この友人は前年度に100点満点中82点の成績を収めていたのです。あなたは、課題を仕上げ期限内に提出しましたが、実はほとんどを友人の課題のコピペで済ませていました。

この課題を採点した教師は、あなたが自分で書いていないことを疑い、あなたに意見を聞きたいと言ってきましたが、あなたは、その課題はすべて自分でやったと答えました。

いずれのシナリオでも、やはり全体的に、ダークトライアドが高い人は、自分はより嘘をつきそうだと回答し、また、相手をだませそうだと回答しました。いずれの場面も、言い逃れできない状態ですし、嘘をついたところでさらに悪い状況を招きかねません。それでも、ダークトライアドは嘘をつき、なおかつうまくやり過ごせると考えがちです。ダークトライアドの自己中心的で自分の能力に対する過度な自信や、後先考えないような傾向がこのような結果をもたらすのだと考えられます。

このような人々は日常生活でもよく見かけます。遅刻の言い訳におばあさんを助けていたという嘘をつく人はほとんどいなさそうですが、単なる寝坊なのに体調が悪くて動けなかったとか、電車が遅れていたとか、出席登録・出社の打刻を忘れていた、などは言い訳の定番です（し、もちろん多くの場合は嘘です）。もちろん、これも日常的によくあることですが、ダークトライアドが高い人はそれが頻繁だったり状況が異なっても一貫してこのような傾向を示し続けるという特徴があります。

ちなみに、実際にダークトライアドが高い人は嘘がうまいのでしょうか？　これを検証した研究からは、ダークトライアドが高いことと嘘の上手さや、嘘を見抜く力は関連しませんでした（Wright et al., 2015）[1]。

つまり、ダークトライアドが高い人の中には、嘘が上手な人もいれば下手な人も同じくらいの割合でいるということです。ただし、嘘を正当化する傾向が高い人ほど嘘が上手であることがわかりました。これはマキャベリアニズムの特徴の1つです。つまり、マキャベリアニズム、特に嘘の正当化傾向が高い人は、上手に嘘をつき、社会的に成功しているかもしれません。

▼各パーソナリティによって嘘の傾向が異なる

嘘といっても、その種類はさまざまです。特殊詐欺のように相手から金品をだまし取ったり、恋敵のありもしないネガティブな情報を流布して相手を貶めたり、あるいは相手を

1　この実験は2つの手続きで進められる。初めに、さまざまな社会的な意見（たとえば、喫煙はあらゆる公共の場において禁止されるべきである）について賛成か反対かを回答する。次に、参加者は5人くらいのグループを組むが、それぞれの意見に賛成なのか反対なのかはお互いに知らない。そのグループでコミュニケーションスキルを測定する競争ゲームをすると告げられる。ルールは、ランダムに1人が選ばれ、先ほどの社会的意見についての賛成・反対であることやその根拠を20秒程度で述べる（話し手役）。ただし、話し手役が賛成を表明したとしても、この人の本当の意見が賛成かどうかはわからない。本当は反対なのに、嘘をついている可能性もある。嘘の表明をするのか、真実の表明をするのかは実験者によってランダムに決められる。聞き手は、話し手役の人が真実を話しているのか嘘を話しているのかを予想し、また、どのくらい信用できるかも併せて評価する。これを全員が両方の役を担うために何度か繰り返す。最終的に、最も信用が得られた人（つまり嘘を本当のように表明できた話し手）と、嘘かどうかを最も正しく判定できた人（つまり、嘘に惑わされず話し手の本当の意見を見抜けた聞き手）に報酬が与えられる、というものだった。

傷つけたりショックを与えないために、あえてつく嘘もあります。

実はダークトライアドの各パーソナリティでは、つきやすい嘘が異なることもわかっています（Jonason et al., 2014）。自己利益のための嘘と理由のない嘘の頻度はすべてのダークトライアドが高いほど多かったのですが、細かく分析すると、それぞれのパーソナリティで次のような傾向がありました。

- 自己利益のための嘘：ナルシシズムに特徴的。
- 意味や理由などない嘘：サイコパシーに特徴的。
- お世辞など、傷つける意図のない嘘（white lie）：マキャベリアニズムに特徴的。

マキャベリアニズムの嘘は、他者を思い通りに動かすための嘘である一方、ナルシシズムでは自分のことを良く見せるための嘘を、サイコパシーは衝動的で後先考えない傾向によって嘘をつくのだと考えられます。ただし、これらはアンケートで調査したものなので、主観的に本人が考えているだけです。実際の行動でもこのようなことは示されるのでしょうか。

この点についてローザーら（2016）は2つの実験を通して、やはり主観的報告と一致する行動がとられることを示しました。この実験は次のようなものです。

ダークトライアドの嘘の傾向を探る実験①

オンライン上でもう1人の参加者が一緒に参加していると説明されたうえで（実際にはそのような参加者は存在せず、プログラムが動いています）、実験参加の報酬が得られることが説明されます。ただし、報酬の選択肢として「自分に5ユーロ、相手に15ユーロ」（選択肢1）と「自分に7ユーロ、相手に5ユーロ」（選択肢2）のどちらかであることも知らされます。そして、どちらの選択肢が選ばれるかは、相手が行うということも告げられました。

しかしその代わり、相手に対して「選択肢1のほうがあなたは多くの報酬をもらえます（真実）」か「選択肢2のほうがあなたは多くの報酬をもらえます（嘘）」のいずれかの情報を伝えることだけ許される、と告げられます。

さて、ダークトライアドが高い人は、嘘の情報を伝えようとするのでしょうか。

実験の結果、ダークトライアドの中でもマキャベリアニズムが高い人ほど嘘の情報を伝えようとすることがわかりました。この実験での嘘は、比較的計画的なものであると考えられるため、マキャベリアニズムの戦略的他者操作性などの特徴が影響したのだと考えられます。

ダークトライアドの嘘の傾向を探る実験②

参加者は、4×3の12セルにそれぞれ数字が書かれた表を15秒間見せられます。そして、その15秒間の間に、12のセルに書かれた数字から合計10になるセルを見つける課題を20セット行うと説明されました。参加者は、10になる組み合わせのセルを見つけられたか否かを報告し、見つけるたびに報酬が2・5ユーロずつアップすることが告げられました。なお、見つけられたか見つけられなかったかを報告するだけで、どのセルが当該セルなのかはチェックされません。

実は、この20セットのうち実際に10になる2つのセルが存在するのは13セットだけです。そのため、「見つけた」と報告できるのは最高でも13回です。さて、ダークトライアドが高い人ほど、「見つけた」と報告するのが13回を超えるのでしょうか。

実験の結果、ダークトライアドの中でもサイコパシーが高い人ほど、嘘をつく（つまり、「見つけた」と回答されたセットが13セットを超える）ことが明らかにされました。

実験②では、深く考えずに嘘をつくことができる状況だったため、サイコパシーの衝動性が影響したと考えられます。

この2つの実験では、ダークトライアドの中ではナルシシズムが高くても嘘をつくわけではないということも同時にわかりました。ナルシシズムが嘘をつくのはどのような場面なのかを考えると、この結果は解釈できそうです。ナルシシズムが高い人は、自分が認められたりすごいと思われるために「話を盛る」ような嘘をつくのだと考えられます。

しかし今回の実験では、そのような承認欲求や賞賛欲求とは無関係の実験でした。そのため、ナルシシズムが高い人にとっては、嘘をつく特別な動機が生じなかったのだと考えられます。

パワハラやモラハラをする人はダークトライアド傾向が高いのか？

ダークトライアドに共通する3つの特徴として「過度な自己中心性」「他者操作性」「冷淡さ」があることは本書の冒頭で紹介しました。この要素から、いじめ、パワハラ、モラハラといった加害性を感じた読者も多いことでしょう。

想像どおり、ダークトライアドが高いことはいずれのハラスメントにも関与しがちであることが多くの研究で指摘されています。パワハラやモラハラは、職場いじめ（workplace bullying: 職場における理不尽な要求やいじめ）や心理的虐待（psychological abuse: 家庭内を含むさまざまな場面での、身体的ではないいじめや嫌がらせ）というワードで研究が進められています。

657人を対象としたバーグマンら（2012）の調査では、職場いじめを身体・直接的形態（力ずくで押したり引っ張った）、言語・直接的形態（他の誰かを傷つけると脅した）、間接的形態（誰かに仕返しするために特定の人物と友だちになった）の3つに職場いじめを想定しましたが、いずれの形態もダークトライアドが高い人ほどしがちでした。このような傾向は、スウェーデンや（Dåderman & Ragnestål-Impola, 2019）、スペイン（Fernández-del-Río, 2020）、ベトナム（Tam & Ha, 2023）といった、多くの地域でもおおむね一致した結果が示されています。

本邦でも、ダークトライアド、特にナルシシズムとサイコパシーが高いほど高圧的な態度で脅迫や恫喝《どうかつ》を駆使して強制的に人を動かそうとすることが示されています（木川・今城, 2022）。

一方で、マキャベリアニズムが高い人は口車に乗せて動かすというやり方をすることがわかりました。ダークトライアドはパワハラの傾向が高いものの、マキャベリアニズムは場面に応じてアメとムチを使い分けるのだといえます。

いじめ被害者になりやすいマキャベリアン

実は、スペインの労働者を対象とした研究からはもう1つ興味深い結果が示されました。それは、マキャベリアニズムが高いことが、いじめ被害者ターゲットにもなり得ることです。

これは意外に感じる人も多いでしょう。マキャベリアニズムが高い上司に何か文句を言ったりすれば、悪い結果がもたらされることは容易に想像できますし、そのため、理不尽に感じたとしても逆らうのをためらってしまいそうです。しかし、同僚や友人のマキャベリアニズムが高いとしたらどうでしょう。そのようなマキャベリアンの他者への攻撃性や道徳を軽視した行動は、容易に非難の的となります。そう考えれば、マキャベリアニズムが高い人がいじめ被害者ターゲットになり得ることにもうなずけます。

パワハラだけでなく、恋愛関係や夫婦関係で生じるモラハラの傾向も、ダークトライアドの高い人に特徴的なことがわかっています。これは、ダークトライアドの中でも特にサイコパシー、そして、日常的サディズムが高い人に特徴的です（Fontanesi et al., 2024）。

筆者も大学生を対象とした2つの調査を通して、ダークトライアドが高いとパートナー暴力をしがちなのかを検証しました。パートナー暴力の種類として、殴ったり束縛したりといったものだけではなく、大声で怒鳴りつけることや、相手を見下す言動なども設定しました。これらは家庭内でのモラハラ項目と言えます。

分析の結果、やはり、ダークトライアドが高い人ほどこのようなモラハラ的な行動をとりがちで、特にサイコパシーが特徴的なことがわかりました。

これらの研究を全体的にとらえてみると、モラハラではダークトライアドの中でも特にサイコパシーに特徴的であるといえそうです。サイコパシーは他者のことを気にせず、さらに後先考えないという点が特徴的です。そのため気に入らないことがあるとその攻撃性が表出され、すぐに手が出たりコントロールしたりしようとするのでしょう。日常的サディズムがモラハラと関連することからも、他者に対する攻撃のしやすさがモラハラを引き起こしているのだと考えられます。

▼男女ともに低いフェミニズム傾向&高いミソジニー傾向

ダークトライアド傾向が高い人は、恋愛パートナーに対してモラハラをしやすいということを先述しました。これには他者に対する攻撃性が影響していそうだと紹介しましたが、ジェンダー観が影響していることもあるかもしれません。

特に、男性から女性に対するモラハラは、ミソジニー（女性蔑視）的な態度などの関連が疑われます。

実際、ダークトライアドが高い人ほど、フェミニズム傾向（女性は男性と同等の権利を持っている、などと考える傾向）が低いことが示されています（Douglass et al., 2023）。

ダークトライアドが高い男性がフェミニズム傾向が低いという関連はなんとなく納得できますが、興味深いことにこの研究では、ダークトライアドが高い女性もフェミニズム傾向が低いということが示されました。

この点はまだ謎に包まれた部分ですが、1つの説明として、ダークトライアドが高い女性は他の女性と協力したり権利を主張するよりも、現在の男性社会を支持するほうが得なのかもしれません。男性社会のほうが得なこととなんてあるのか？と思われるかもしれませんが、たとえば、女性が働く権利を主張するよりも、男性が働いて自分は専業主婦でいたい、という人がいることを考えれば少し納得できます。

また、男性参加者を対象としてダークトライアドと性差別（sexism）の傾向（女性は簡単に気を悪くする，女性は男性に愛され守られるべきだなど）との関連を検証したナバスら（2021）の研究でも，ダークトライアドが高い人ほど性差別、特に女性に対して否定的な性差別の傾向が高いことが示されました。より直接的にダークトライアドが高いほどミソジニーの傾向が高いことも示されています（Pineda et al., 2024）。

女性でもダークトライアドが高い人はフェミニズムの傾向が低かったことを考えると、女性に対する性差別の傾向が女性参加者で見られてもおかしくありません。事実、男性上司からセクシュアルハラスメントを受けた女性のシナリオに対して，ダークトライアドが高い女性ほど男性上司よりも女性本人を非難する傾向が示されています（Brewer et al., 2021）。

筆者らも、女性蔑視傾向（女性は男に従うべき，女性を暴力・脅迫で支配することは正当だと思うなど）がダークトライアドと関連するかどうかを検証してみました。結果、やはりダークトライアドが高いほど女性蔑視傾向が高く、特にサイコパシーとの関連が特徴的でした。

このように、ダークトライアドが高いと男性優位社会を支持するような傾向がありま す。この現象を考えると、男性から女性へのモラハラなどは攻撃性だけでなく性差別による影響もありそうです。また、興味深いことに女性自身もダークトライアドが高いほど男性優位社会を支持する傾向があります。

先ほどの専業主婦を求める例の他にも、男女で食事に行ったら男性がおごるべき、というような考え方を、自己利益を求めるダークトライアドの高い女性は持ちやすいということです。

▼シャーデンフロイデは深刻な不運に対して発生しづらいのに……

ダークトライアドが高い人に限らず、多くの人が自覚している負の感情が妬《ねた》み。「オレより良いクルマに乗りやがって」「かわいい子はちやほやされていいな」……そんな感情が一時でも解消されるのは、相手にちょっとした不幸があったとき。「他人の不幸で飯がうまい」、つまり「ざまあみろ」みたいな感情を心理学ではシャーデンフロイデと呼びます。

ちなみにシャーデンフロイデが生じるのは、それほど深刻でない不運に対してです。逆に言えば、深刻な不運（たとえば事故で亡くなった、など）では一般的にシャーデンフロイデが生じることはあまり想定されません。

シャーデンフロイデの体験のしやすさには個人差があるのですが、ではダークトライアドが高い人はシャーデンフロイデも感じやすいのでしょうか？

結論から言えばそのとおりです。これを示したポーターら（2014）の実験を紹介してみたいと思います。

参加者は、はじめに4人の不運に見舞われる人物の写真を見せられました。ただし、この4人の写真のうち2人の不運は深刻な不運（逮捕される、有罪判決を受ける……なお、これは不運とは言わないのではというツッコミはもっともですが、「その人物にとって悪い事態」ととらえてください）、残りの2人の不運は日常的な不運（コーヒーをこぼす、車に泥をはねかけられる）でした。

写真を見た後に、それぞれの人物に対してどのくらい「ざまあみろ」と思ったのかを回答しました。

なお参加者は、写真を見ている間の顔をビデオに撮られていて、そのときの笑顔強度が数値化されていました。つまり、自己報告の「ざまあみろ」だけでなく、体の反応としての「ざまあみろ」も測定されていたというわけです。

さて、自己報告・体の反応としての「ざまあみろ」、つまりシャーデンフロイデと、各参加者のダークトライアド傾向（マキャベリアニズム・ナルシシズム・サイコパシーのトータル得点）が関連するかどうかが検証されました。

その結果、ダークトライアドが高い人ほどシャーデンフロイデを感じやすいことがわかりました。しかもそれは、日常的な不運だけでなく、深刻な不運に対してもシャーデンフロイデを感じると回答したのです。

シャーデンフロイデは深刻な不運では感じにくいはずなのですが、ダークトライアドは他者に対する敵意が強く、冷淡であるため、深刻な不運でも「かわいそう」というよりは「ざまあみろ」と感じるのでしょう。

体の反応としてのシャーデンフロイデを併せて考えると少しおもしろい現象が示されます。自己報告では、ダークトライアドの中でもナルシシズムだけは、高いほど深刻な不運に対してシャーデンフロイデを感じる、という関係性は見られませんでした。[2] しかし、体の反応である笑顔強度との関連では、マキャベリアニズム、サイコパシーのように、深刻な不運に対してナルシシズムが高い人ほど笑顔強度が強く、つまりシャーデンフロイデを感じていることがわかりました。

これは、ナルシシズムがシャーデンフロイデを感じていることを自覚していないという可能性もありますが、ナルシシズムが高い人は自分をよく見せようと、本当はシャーデンフロイデを感じているにもかかわらず、自己報告ではそうは感じていないと回答した可能性も考えられます。

2　ナルシシズムが高い人は深刻な不運にシャーデンフロイデを感じない、ということではない。ナルシシズムが高い人の中にもシャーデンフロイデを感じると報告した人と感じないと報告した人が同じくらいの割合でいたということ。

▼ダークトライアドが好む職業とは？

ダークトライアドが高い人が好む職業はいくつかあるようです。職業タイプを6カテゴリでまとめる考え方があります。これらの職業タイプのうち、ダークトライアドがどのようなタイプの職業を好むのかどうかの研究結果を（Jonason et al., 2014）、表9にまとめました。

この表を見てわかるように、サイコパシーが高い人は個人プレイが許されたり人と関わるよりも自分1人で行う作業を好み、ナルシシズムが高い人は他者に対するアピールや関わりに関する職業を好むことがわかります。一方で、マキャベリアニズムが高い人はむしろ他者との関わりやアピールに関する職業は避ける傾向にあることがわかります（ＨｏｌｌａｎｄのＲＩＡＳＥＣモデルなどと呼ばれます）。企業的職業を好まないことは意外に思えますが、マキャベリアニズムが高い人は富を求めたいのであって、そのために競争してがんばることは嫌いなのかもしれません。

また、他の職業分類を用いた研究でも同様の結果が示されました。ここでは、「他者の

表9 6つの職業カテゴリと各ダークトライアドが高い人が好む職業

	サイコパス	ナルシシスト	マキャベリアン
現実的職業（電気技師など、モノ・実用・実践に関するもの）	＋		
研究的職業（研究者など、知性・思索・分析に関するもの）			
芸術的職業（小説家など、創造・直観・表現に関するもの）		＋	－
社会的職業（看護師など、親切・世話・協調にかかわるもの）		＋	－
企業的職業（商品トレーダーなど、自己主張的・野心的・競争的なもの）	＋	＋	－
慣習的職業（会計士など、組織的・構造的・評価的なもの）		－	

「+」は好む職業、「－」は敬遠する職業。

表10 各ダークトライアドと4つの領域についている人の割合

マキャベリアン	ナルシシスト	サイコパス
競争的領域 ∨ 権威・権力領域、その他領域	リーダーシップ領域 ∨ 権威・権力領域	権威・権力領域 ∨ リーダーシップ領域、競争的領域

ケア」（病人を治療するなど）、「実用」（自動車の整備や修理など）、「文化的」（演劇や映画に出演するなど）という3つの職業タイプを、各ダークトライアドが高い人が好むかどうかが検証されました。職業の6カテゴリでの結果からも予想されるように、サイコパシーが高いほど実用的職業を、ナルシシズムが高いほど文化的職業を好み、マキャベリアニズムが高いほどケア職業を好みませんでした。[3]

ダークトライアドによるこのような職業の好みの違いは、他の研究でもおおむね一貫しています（Kowalski et al., 2017）。[4]

これまで紹介したのは「好み」ですが、実際に、各ダークトライアドが高い人は好みどおりの職業についているのでしょうか。キジャク（2016）の研究では、4つの就業領域群を想定してこの疑問を検証しました。この4つとは、リーダーシップ領域、競争的領域、権威・権力領域、その他領域です（表10）。

この表を見ると、ナルシシズムとサイコパシーが高い人は

表11　専攻とダークトライアドとの関連

マキャベリアン	ナルシシスト	サイコパス
経済・ビジネス ∨ 法学＝政治学 ∨ 心理学	経済・ビジネス ∨ 政治学＝心理学	

好む職業についているような印象ですが、マキャベリアニズムが高い人は職業の6タイプで見た好みとは異なる職業につきがちです。マキャベリアニズムが高い人はわざわざ競争をしたくない一方で、実際に富を求めるとなると競争的な職業領域に就くほうが目的達成には最も手っ取り早いということでしょう。

以上を整理すると、ダークトライアドが高い人は、他者との協力や他者のケアといった対人関係・援助に関する職業にはつきにくく、リーダーシップや競争的なシチュエーショ

3　しかし、RIASECモデルのときと違い、マキャベリアニズムが高い人は文化的職業も好み、一方でナルシシズムが高いことはケア職業を好む傾向と無関係だということも同時に示された。

4　この研究では、ナルシシズムが高いほど芸術的な職業・リーダーシップに関わる職業・社会的関係に関わる職業を好みがちで、マキャベリアニズムが高いほど社会的関係に関わる職業を好まなかった。サイコパシーに関しても、社会的関係に関わる職業を好まず、一方で科学研究に関わる職業やリーダーシップに関わる職業を好むことが示された。

ン、あるいは個人プレイで物事を進めていけるような職業を好み、また、就業する可能性が高いと考えられます。

たとえば、政治家や法曹関係者などが挙げられるでしょう。さらに、外科医や聖職者は一見他者のケアのように見えますが、自分のスキルがモノを言ったり他者からあがめられる立場だったりするので、このような職業もダークトライアドが高い人は好むと考えられます。

一方で、看護師や内科医、介護士といった他者と会話したりその会話を通してケアをするような職業はあまり好まないと考えられます[5]。

そして職業選択は学生の頃の専攻が影響する可能性が考えられます。ヴェデルとトムセン（2017）では、デンマークの４８７人の学生を対象に、専攻とダークトライアドとの関連を検証しました。対象とした専攻は、心理学、経済・ビジネス、法学、政治学です。分析の結果を表11に示しました。

サイコパシーでこそ専攻による違いは示されませんが、経済・ビジネス専攻は他の専攻に比べてダークトライアドが高いことがわかります。ダークトライアドの高い人がリーダーの地位を得たりするのは、このような人たちが経済・ビジネス専攻に多いことも原因の１つかもしれません。

▼ダークトライアドが高いのは虐待のせい？

幼少期の成育環境は、パーソナリティの形成やメンタルヘルスに大きな影響がありま す。子どもの頃に親同士の暴力的なケンカを見て暴力を覚え、それが大人になってからのパートナー暴力や日常的な暴力につながったり、泣いたり何かを要求するたびに怒られたり叩かれたりすることで、親との関わりを避けてきたことが、大人になってから他者との関係性をうまくつくれなかったりといったことがあります。

では、ダークトライアド傾向が高い人たちの成育環境はどうだったのでしょうか？

第1章で、ダークトライアドは遺伝の影響もあるし、環境の影響もあると述べました。ダークトライアド傾向を高くするのに共通するような環境があるかもしれません。そし

5 ただし、連続殺人者の中には、このような職業につき、自己顕示のためにわざと患者に毒を盛り、みんなが見ている前ですんでのところで救出する、というタイプがいることは興味深い点である。また、被介護者が動けないことをいいことに見えないように暴力をふるうといったこともあった。これらの犯人のダークトライアドがどの程度なのかは不明だが、おそらく一般よりも高い傾向だと考えられる。

て、決して良好とはいえない成育環境を想像してしまう人は多いでしょう。

事実、カレスタンら（2024）は、複数の虐待的扱いを想定し、ダークトライアドとの関連を検証した結果、虐待的扱いをされるほどダークトライアドが高い関連を示していると述べています。ここで想定された虐待的扱いは次のとおりです。

- 身体的な虐待（強く叩かれるなど）。
- 感情的な虐待（親は生まれてこなければ良かったと思っているなど）。
- 性的な虐待（性的な感じで触られるなど）。
- 感情的なネグレクト（重要だと思われていない感じがするなど）。
- 身体的なネグレクト（食事を満足に与えられないなど）。

この中でも、ダークトライアドの各側面が高い人は感情的・身体的な虐待をより経験していることがわかりました。さらに、ナルシシズムが高い人は身体的虐待を、マキャベリアニズム、サイコパシーが高い人は性的虐待をより経験していることがわかりました。

他の調査でも、マキャベリアニズムとサイコパシーは、子ども期の虐待的な経験が多いことが指摘されていたり（Merlușcă & Chiracu, 2018）、特にマキャベリアニズムのみが虐待経験と関連するという主張もあります（Taylor, 2021）。遺伝と環境の項で示したように、マキャベリアニズムはナルシシズムやサイコパシーに比べて家庭環境の影響をより受けやすいと考えられます。

虐待的な扱いとまでは言わなくても、親の養育態度にも個人差があります。ジョナソンら（2014）の研究では、親の養育態度の質を思い出して回答してもらい、それがダークトライアドと関連するかどうかを検証しました。これはたとえば、親が愛情を注いでくれた（養育の質が高い）とか、感情的に冷たかった（養育の質が低い）などのような態度です。分析の結果、ダークトライアドが高い人は、全体的に親の養育の質がより低かったことがわかりました。[6]

幼少期の家庭環境は?

また、もっと包括的な視点から考えると、子どもにとっての幼少期の環境が不安定なこと全般がダークトライアドを高める可能性があります。

たとえば、これまで挙げた虐待的な扱いや養育の質が低いことだけではなく、家庭が経

6 しかし、ナルシシズムが高い人は父親に限り、養育態度の質が高いことと関連があった。

表12 ダークトライアドと幼少期の環境

	マキャベリアン	ナルシシスト	サイコパス
子どもの頃は安定していた	−		−
子どもの頃は先を見通せた	−		
子どもの頃は過酷だった	+		+
子どもの頃は恵まれていた	+	+	
子どもの頃は良かった		+	
子どもの頃は苦労がなかった		+	
子どもの頃はストレスのたまるものだった	+		+

「+」は各ダークトライアドが高い人にとって子どもの頃にはその環境だったと
とらえていることを示し、
「−」はその環境ではなかったととらえていることを示す。

済的に困窮していて十分な食事や育児がなされなかったり、親からの不規則なケアやその都度異なる対応というものも、子どもにとっての不安定な環境の要素です。実際にこの関連を検証してみると、やはりこのような環境だった人ほどダークトライアドが高いことが示されました（Jonason et al., 2016）[7]。

しかし、環境状態をより細かく尋ねる形で再検証したジョナソンら（2016）の第3研究では、矛盾する知見が示されています（表12）。

この表12から、マキャベリアニズムとサイコパシーが高い人は、子どもの頃の環境は安定しておらず、過酷でストレスがたまるととらえている傾向にありました。

一方で、むしろナルシシズムは恵まれた環境だったととらえるようです。ナルシシズムはネガティブな環境ではなく、むしろ自分が望むことはなんでもできるようなところで育ったことが影響するのかもしれません。これは、ナルシシズムはダークトライアドとしてとらえるにはマキャベリアニズムやサイコパシーとは質が異なるという議論の根拠になります（→37ページ）。一方で、ナルシシズムは物事をポジティブにとらえる傾向があるので、本当はネガティブな環境だったとしてもポジティブな形でとらえ直しているという可

7 同時に、マキャベリアニズムとナルシシズムが高い人ほど子どもの頃に裕福だったと答えがちであるという結果も示された。これは大人になってから過去のことを思い出して回答するため、記憶が歪んでしまった可能性も考慮する必要がある。

能性も考えられます。

もう1つの矛盾として、マキャベリアニズムが高い人は子どもの頃は過酷だったと回答しつつ、恵まれていたと回答する傾向もあることがわかります。これは矛盾していますが、もしかしたら、欲しいものは手に入りやすかった一方で、親の応答は一貫していなかった、などのような家庭環境の可能性もあります。が、他の研究との整合性に鑑みても、はっきりしたことは現状では言えません。

これらの研究を通して全体で考えると、少なくともマキャベリアニズムとサイコパシーが高い人は子どもの頃の過酷な環境を経験しがちであるといえます。一方で、研究同士の矛盾がありますし、さらに、人間の記憶は簡単に塗り替わることもわかっていますので、「過酷な家庭環境」の効果がどこまで影響しているのかは、もう少し研究を積み重ねてから判断する必要があります。

このような議論をする際に重要な注意点があります。

このような結果を見ると、あたかもダークトライアドが高い人は全員虐待を受けていた、とか、育て方が悪いと必ずダークトライアドが高くなると思われがちですが、そうではありません。

そもそも、虐待的な扱いはほとんどの人はまったく行わない非常に稀なケースです。その稀なケースを経験した人たちの中では、ダークトライアドが高い人が低い人よりも多い割合でいた、ということです。[8]

また、家庭環境の不安定さも同様で、ダークトライアドが高い人を見て、あの人の親や家庭環境は悪かった、と単純に結論づけることは誤りです。

▼本当に被害者になっているのか？ そもそも被害者意識を持ちやすいのか？

ダークトライアドと被害者シグナリングについて解説しました（↓139ページ）。

被害者シグナリングは、実際に被害を受けているのかどうかは関係ありませんでしたが、そもそもダークトライアドが高いと「実際に」被害を受けやすかったり、被害者意識を抱きやすかったりするのでしょうか。

ダークトライアド、特にマキャベリアニズムやサイコパシーが高い人は、侮辱されたり

8 もちろん虐待的な扱いを経験していない大部分の人たちの中にもダークトライアドが高い人・低い人、さらに虐待的な扱いを経験した稀なケースでもダークトライアドが低い人は存在する。したがって、「ダークトライアドが高い人は子どもの頃に虐待的な扱いを受けた人だ」と一対一対応して語れることではない。

仲間外れにされたりすることが多いと報告しています。したがって、少なくとも被害者であるという意識はダークトライアドが低い人よりも強いと考えられます。

ダークトライアドが高い人は怒りや嫉妬などといったネガティブな感情を抱きやすいことが多くの研究からわかっています。また、それこそが各パーソナリティの特徴であるとも言えます。たとえば、各パーソナリティを考えてみると、マキャベリアニズムは他者に対する不信や敵意が特徴の1つとして挙げられますし、サイコパシーも同様に他者に対する敵意や攻撃性を示します。また、ナルシシズムの「脆弱な」側面は、他者が自分をどのように見ているのかを過剰に気にかける傾向であり、ちょっとしたことでも否定されたと感じるかもしれません。

一方、「実際に」ダークトライアドの高い人が被害者になりやすい可能性も考えられます。シューら（2024）の研究では、各ダークトライアドが高い（低い）架空の人物がどの程度排斥されるかを研究しました。表13にあるようにプロフィールの導入から始まり、その後6つのタイプのプロフィールに分岐します。

参加者は初めに、このプロフィールのうちの1つを読みました。次に、その人物が自分たちの所属するクラブに入りたいと思っているところを想像するよう告げられました。そして、その人物をどの程度排斥しそうか（その人物を無視すると思う、など）が測定されました。

表13 シャオ・ミンの6つのパーソナリティのうち、排斥されやすいのはどれ？

シャオ・ミンのプロフィールの導入

シャオ・ミンは20歳で、近所のレストランでアルバイトをしています。彼は、暇があるときには、映画を観たり、音楽を聴いたり、外出して過ごすことが好きです。彼はいつもはだいたい、授業を受け、パソコンで作業して日々を過ごしています。そして夕食後にはテレビを観ます。彼が好きな番組は犯罪ものですが、クイズ番組も好きです。

↓

ここから以下の6パターンのプロフィールに分岐

	低	高
マキャベリアニズム	シャオミンは他人に影響されやすく、互恵的で、道徳に注意を払い、安定した環境を求める人である。	シャオ・ミンは順応性があり、操作的で、狡猾で、実利的で、結果志向で道徳的に鈍感な人物です。
ナルシシズム	シャオ・ミンはひかえめで、誠実で、公平な人で、傲慢な人物ではありません。	シャオ・ミンは派手で、傲慢で、注目を集めたガリ、賞賛を集めたがりうぬぼれがちで、優越感、権威的
サイコパシー	シャオ・ミンは感情的に安定していて、正直で、共感的で、攻撃的ではない人物	シャオ・ミンは衝動的で、スリルを求め、共感性が欠如していて、冷淡で、不正直で反社会的な人物です。

その結果、ダークトライアドのいずれの側面であっても、低い人物像よりも高い人物像のほうがより排斥したいと評価されることがわかりました。

さらに、彼らの研究では、このような現象はダークトライアドの特徴の中でも特に「利己的である」という点が仲間外れにされるポイントだということも同時に明らかにしています。

これらの研究から、ダークトライアドが高い人は被害者意識を感じやすいことも確かですが、実際に仲間外れにされているなど被害者になっていることも多いと考えられます。これは、マキャベリアニズムが高い人が職場いじめのターゲットになりやすい（↓173ページ）、ということとも一致します。

たしかに、研究で設定された状況や、現実場面では、グループの輪を乱さないことは非常に重要で、ダークトライアドの利己的な特徴はまさにその輪を乱す可能性が高いことは明らかです。

ダークトライアドが低い人たちのグループは、ダークトライアドの高い人たちを仲間はずれにすることで秩序を維持しているのかもしれません。

第6章

悪魔の飼い慣らし方

▼自分のダークトライアド傾向を知るには？

ここまで読んで「もしかしたら自分はダークトライアド傾向が高いかもしれない」と感じた読者がいるかもしれません。実際に、ここまで挙げたダークトライアドが高い人の考え方や行動に、自分でも身に覚えがある人もいるはずです。

しかし、繰り返しになりますが、一時的にそのような考えや行動が現れたり、状況によって現れたり現れなかったりするのはむしろ普通のことです。ダークトライアドが高いかどうかは、そのような傾向が一貫していて、また、それはある程度状況が異なっても変わらないといったことで特徴づけられます。

そして、重要なことですが、身長や体重と同じように、ダークトライアドの傾向は平均くらいの人が最も多く、それを中心に高い人も低い人も同じくらいの割合で存在するということも思い出してください。少しくらい高い（低い）人がほとんどですし、一般レベルに比べてまあまあ高め（低め）の人たちもそれなりにいます。

むしろ、このような傾向が高いのかも、と思って不安になったり落ち込んだりする人は、おそらくダークトライアドは高くありません。なぜなら、ダークトライアドが高い人は自己中心的で他者の気持ちを気にしないので、「人から嫌われたらどうしよう、迷惑をかけているかも、問題を起こすかも」ということに思いを巡らしたり不安になるということはあまりないからです。

一方で、自分のダークトライアド傾向の高さに他人とは違う特別感を感じて、悦に入っているダークトライアド傾向が高い人もいるかもしれません。なぜなら、ダークトライアドが高い人は他者を支配しようとしたり、他者を下に見てバカにするような傾向がありますす。ですので、ダークトライアドが高いことに優越感を感じる人は、「他の人とは異なる自分だけの個性」というより、「他の人にはないすごい性質を持っている自分」という形で特別感を持つわけです。

いずれにせよ、客観的にセルフ分析したいのであれば、信頼できる測定尺度を使うしかありません。

私自身もセルフ分析をしたことがあります。以前にも触れましたが、私のダークトライアド傾向はいずれも平均より高めです。実際、その結果に対してまあそんなもんだろうなと思いますし、問題行動や他者に迷惑をかける行動をしてしまっても、「(もちろん申し訳ないなと思いつつ)、やってしまったものはしょうがないし」と開き直ることもあります(当然、相手にそれが見えるようにはしていないつもりですが、これまでの研究を概観するとそういう考えもバレている可能性が高いです)。

もちろん、みなさんもセルフ分析できます。ただし、「ダークトライアドの尺度に回答している!」という構えがあると、回答にバイアスがかかってしまう恐れがあります。できるだけ客観的に、特に一般的には嫌われるかもしれないような項目に対しても、正直に回答することが必要ですし、そのような回答ができるような状況で実施する必要があります。したがって、みんなで楽しくワイワイ評価するとなると、正確な測定は難しいでしょう。

▼ネット上にあるダークトライアドのテストは、どのくらい信用できるのか?

では、自分自身のダークトライアドのレベル(数値)の高低を知るにはどうすればいいのでしょうか? のちほど紹介しますが、セルフチェックできる質問項目は論文に発表されています。[1]

一方、ネット上にあふれているダークトライアドのテストは、妥当性(意図しているものを測定しているという担保）の検証はされていないので、ほとんど信用できないと思っていいでしょう。きちんとしたテストとそうではないテストの大きな違いはこの点です。[2]

なお、いわゆるネット上のサイコパス診断はまったく的外れなものを測定していると考えられます。以前、私のゼミの学生もここに興味を持ち、「サイコパス診断は本当にサイコパス（サイコパシーが極端に高い人）を抽出できるか？」というテーマで研究しましたが、残念ながらまったく抽出できないということがわかりました。

彼女の研究では、巷にあふれるサイコパス診断を複数収集し、その質問に対する「サイ

1　現在は学術論文をネット上で、無料で閲覧できる。実際にネットで検索をかけると尺度作成に関する論文もヒットする。学術論文が必ず適切な妥当性検証をしているかといえばそうとも限らないが、少なくとも、妥当性検証の理論的背景やプロセスが詳述してある。その内容が適切なものであれば、適切な妥当性検証がなされた尺度なので信用できる。

2　ツールとして使用した質問項目セットに妥当性があるということが大前提になる。したがって、質問項目を使った調査以前に、「そもそもこの質問セットは測定したいものをきちんと測定している、妥当性がある」ということを示すだけでも学術論文として発表できる。ネット上のテストであっても、（ほとんど見たことがないが）何らかの形で妥当性が検証され、それが論文などで発表されているものであれば、信用にたるテストだと判断してよい。

3　たとえば、「夫の葬儀中、そこに来た夫の同僚に一目ぼれをした未亡人。その夜に息子を殺害した。その理由とは？」という質問に対し、一般的な回答例が「新たな恋に息子が邪魔になったから」であるのに対し、サイコパスは「息子の葬儀で再びその男性に会えるから」と回答するというもの。

コパス回答」が多い人ほど、「きちんとした尺度で測定したサイコパシー」と関連するかどうかが検証されました。もし巷のサイコパス診断に妥当性があるのなら、サイコパス回答数が多い人ほど学術的な尺度で測定したサイコパシーの得点も高くなるはずです。が、実際にはそのような関連は示されませんでした。

こうした診断以外にも、よくテレビなどで取り上げられるような「ここにいろいろな図形があります。最も気になった図形を選んでください（→実はこの答えであなたの○○がわかります！）」みたいなものはだいたい正しくありません。それは心理学ではなくエンターテインメントとして楽しんでください。

「16Personalities」も血液型診断も信用するな

ついでに、ネット上のパーソナリティテストについて注意すべき点についても書いておきましょう。

現在はやっている「16Personalities」などにも共通することですが、こうしたテストは何らかの特徴が「あるorない」という二分法的な解釈をされがちです（なお、16personalitiesの正確性そのものも学術的には疑問視されています）。このようなパーソナリティのとらえ方は類型論的なアプローチであり、少なくとも学術的には一般的ではありません（ただし、犯罪者プロファイリングにおける犯人像推定など、類型論的アプローチがなされる場合がないわけではありません)。

というのも、類型論は、対象の人物があらかじめ決められた複数の典型タイプのどれに割り当てられるのか、ということを考えます。しかし、多くの場合は典型タイプに完全一致することはなく、複数のタイプにまたがって当てはまる人がいたり、あるいはどのタイプにも当てはまらない人がいる、といったケースでしょう。

しかし、無理やり何らかのタイプに割り当てることで、そのタイプの典型的な特徴のみが注目され、そうではない特徴が無視されたり軽視されたりします。つまりそれは、必然的にその人物の特徴を正確にとらえていないことになります。

また、類型論的アプローチそのものが問題というわけではありませんが、一般社会において誤解が生まれやすいことも確かです。類型論的アプローチは直観的に理解しやすいため受け入れられやすいのですが、その人物の特徴を正確にとらえられず、その典型性に基づく判断がなされます。これは時に偏見や差別を助長することにつながります。

血液型診断は典型的な類型論の考え方に基づくものですが、この診断のせいで自己中心的だと指摘されたB型の人は、嫌な思いをしたことでしょうし、さらには何らかの偏見も持たれていたかもしれません。

なお、血液型診断はそもそも各血液型の典型性もまったくのでたらめであることが指摘されており、類型論的アプローチか否か以前にパーソナリティをとらえる手段として成り立っていないことに注意してください。

ダークトライアドテストは、どんな場面で実施されているのか？

ネット上には不確かな情報がたくさんありますが、ダークトライアドに関してはわりと新しい概念ということもあり、情報自体があまり多くありません。だからこそ、情報を比較したり吟味することができないため、不確かな情報を見分けるのが難しいという面があります。

たとえば、ネット上には「ダークトライアドテストは警察や裁判所、精神状態の審査や精神病棟、そして大企業においてよく使用されている」というまことしやかな記述がありますす。しかし、常識的に考えてこうしたケースはほとんどないはずです。

診断の文脈ではなく、学術研究の文脈などでは測定されることもあるかもしれません。そのような場合を除けば、挙げられているような組織・機関でダークトライアドを測定し何らかの判断をするということは考えられません。

そもそもダークトライアドの測定は、主に一般人の個人差を測定することを目的にしています。したがって、たとえばサイコパスと「診断」されるほどサイコパシーが高い人を、おそらく一般的なダークトライアド測定で検出することはできません。

先に紹介したように、ダークトライアドの測定尺度は一般人の個人差を測定することが重要なので、極端なレベルを測定するには得点の範囲が狭すぎるからです。

もちろん、ダークトライアドを構成する各パーソナリティを個別に測定するツールでは、そのようないわゆる「逸脱レベル」を測定することもありますが、少なくともダークトライアドという枠組みでの測定は、臨床評価に用いられることは（少なくとも日本国内では）ないでしょう。

また、各機関の役割を考えてみても、ダークトライアドテストを実施する意義は大きくないことが推察されます。

ダークトライアドテストは警察で用いられている？

警察で用いられる場合というのは、学術的な目的を除けば、犯人検挙のための捜査や取り調べで用いられることが想定されます。しかし、被疑者がどのようなパーソナリティであっても、犯罪事実は変わりませんし、その犯罪事実に基づき被疑者のその後の処遇が決められます。

したがって、少なくとも犯罪捜査や検挙までのプロセスでダークトライアドを測定する意義は大きくありません。

ダークトライアドテストは大企業で用いられている？

大企業でダークトライアドテストが用いられているのかについては不明ですが、おそらく使われたとしても、実質的な判断基準にはならないと考えられます。

というのも、自己報告式のアンケートであるダークトライアドテストでは、回答者がいくらでも嘘をつくことができてしまい、正確な測定が望めないと考えられるからです。

「以下の項目についてあなたがどのくらい当てはまるか評価してください」などの説明文に続き、「私は外向的である」のような複数の項目に対して、「まったくあてはまらない（1点）」〜「とてもよくあてはまる（5点）」の範囲で回答していき、そのトータル得点をその人のパーソナリティ得点とします。

回答者と実施者の間に利害関係がないのであれば、回答者は嘘をつくメリットや嘘をつかないことによるデメリットがないので、思うままを回答します。[4] しかし、企業の採用に関わるとなると、そうはいきません。おそらく、回答者はその企業が求めている人物像に沿うように回答するでしょう。仮に「私には他の人を操ってでも自分の思い通りにするところがある」などという項目があっても、誰も4や5といった高い得点をつけようとはしないでしょう。

したがって、ダークトライアドテストを含む自己報告式のパーソナリティテストに基づく採用判断はなされないか、なされていてもそれは不適切な採用判断となるでしょう。

このような情報がなぜ流布しているのか疑問に思い、調べてみたところ、海外サイトでそのようなことを主張するものがありました。このサイトには、「このテストは科学的に妥当性が検証された」などの記述があったりしますが、そのソースとなる文献情報が示されておらず、したがって、「きちんとした」尺度としてはアヤシイと言わざるを得ません。

4　正確には、このような「前提」を仮定して研究が行われている。そして実は、前提に反してメリット・デメリットがないにもかかわらず、自分をよく見せようと嘘の回答がなされる可能性も、特にこのような反社会傾向を測定する尺度ではよく指摘される。しかし、きちんとした尺度は、その点も踏まえて尺度の妥当性が検証され、「少なくとも利害関係がない研究的な文脈においてはある程度正確に測定できていそうだ」という証拠とともに公表されている。

▼日本語で読めるダークトライアドの測定尺度

日本語の尺度には、田村ら（2015）によって作成されたＤＴＤＤといわれる尺度と、下司・小塩（2017）によって作成されたＳＤ３という尺度があります。このような尺度は、複数の文章に対して、自分がそれぞれの文章にどの程度合致するのかを5段階くらいで評価し、そのトータル得点を最終的なダークトライアド得点（あるいはマキャベリアニズム得点・ナルシシズム得点・サイコパシー得点）とすることが一般的です。

この項目は、たとえば、「私はお金を得るためにその人にお世辞を言う（マキャベリアニズム）」、「私はリーダーとしての素質を持っている（ナルシシズム）」、「私は人に迷惑をかけるかどうかを考えずに行動する（サイコパシー）」などです。[5]

この文章一つひとつにどれくらい当てはまるかは実はそこまで重要ではありません。ある文章には非常に合致するのに、他の文章にはまったく合致しないということもあります。個々の文章に対して合致したかどうかではなく、これらのトータルの得点（合計点や平均点）でダークトライアドの高さを判断するという点が重要です。

これらの尺度は日本語の論文に掲載されていますし、誰でも無料でアクセスできます。また、ダークトライアドとしてまとめて測定するのではなく、各側面をそれぞれ個別に測定する尺度もこれまでに複数発表されていますし、それらも無料で公開されています（ただし、マキャベリアニズムを測定する尺度は論文著者に連絡する必要があります）。いずれも得点化の考え方は同じです。

また、このような尺度の項目（文章）は各ダークトライアドを反映するものですので、具体的な行動パターンや心理メカニズムの傾向にも自覚的になれるのではないでしょうか。

きちんとした尺度、つまり学術的に使用できるような正確な尺度は、必ず妥当性が検証されていますし、妥当性検証プロセスが論文化されています。先に挙げた2つのダークトライアド尺度ももちろん例にもれていません。

もちろん、統計解析の結果に関する報告や、専門用語はなかなか難しいところもあるのですが、そんな場合でも読み解くコツがあります。それは、「考察」セクションの最初の

5 これらは著者が場当たり的につくったいい加減なものなので、必ず論文を参照してください。インターネットで、「田村 2015 DTDD 尺度」や、「下司・小塩 2017 SD3 尺度」などと検索すればヒットする。

あたりに目を通してみることです。ここでは、「この研究が何を目的とし、どんな形でそれを行い、どんな結果が示されたのか」を端的に文章で報告されていることが一般的です。そのうえで、「導入」セクションの理論的根拠や実施方法（「方法」セクション）に目を通してみるといいでしょう。

▼自身のダークトライアド特性を自覚的にコントロールできるのか？

では、前項の尺度を使って自身のダークトライアド傾向の高さに気づいたとして、自覚的にそれぞれのパーソナリティをコントロールすることは可能なのでしょうか？

できないことはないと考えられるものの、相当困難であるだろうことは予想できます。まず、ダークトライアドの特徴の1つに、衝動性が挙げられます[6]。これは、後先考えずに行動する傾向です。常に自身を客観的に見て、意識的に自分の行動を制御できるのであればいいのですが、衝動性はそのようなことが苦手であるような特性です。

したがって、事あるごとに自分のダークトライアドが高いことを意識したり、自覚的にコントロールをしようとしていても、いざというとき、あるいは問題行動をとり得る場面にそのことが意識から締め出されていて、気づいたらすでに問題行動をとっていた、ということもあるでしょう。何を隠そう、私自身、「ああまたやってしまった」ということが結構あります。

さらに、ダークトライアドが高い人は、問題行動を起こしたり他者に迷惑をかけても気にかけないという傾向があるのはすでに述べたとおりです。とすると、もし自分のダークトライアドが高いことがわかり、それに自覚的になったとしても、だからといってそれをコントロールする気がそもそもないかもしれません。

しかし、日常的に100％自分をコントロールすることは困難かもしれませんが、自分がダークトライアドが高いということを自覚し、それを自制したりコントロールしたいという意志があるのであれば、いくらかコントロールすることは可能です。つまり、「今までに比べれば」コントロールできる部分は多くなるわけです。

自分がダークトライアドが高いことを自覚していなかった今までは、自分がなぜ衝動的な行動をとったり問題行動を起こしてしまうのかわからず、それによってさらに損をした

6　特にサイコパシーに顕著な特徴だが、マキャベリアニズムやナルシシズムが高い人にも示される（Jonason & Tost, 2010）。

り嫌な思いもしてきたかもしれません。

私自身もセルフ分析によってダークトライアドが高いことを自覚し、それまでに比べれば自己コントロールできると思っています。自分のダークトライアド傾向を知らなければ、何かに失敗して叱責《しっせき》を受けるときに、失敗してもしょうがないと開き直ったうえで、さらに衝動的に口答えしたり嫌味を言ったりして、その場の状況をより悪くさせていたかもしれません。

あるいは、自分をコントロールすることに躍起になるのではなく、ダークトライアドが高いことで不利益が生じない、あるいはむしろ効果的であるような環境状況に身を置いたり、そのような環境状況を形成するということを考えてみるのもいいかもしれません。

たとえば、私は教員として大学に勤務していて、主に心理学を教えています。紹介する研究の中にはもちろん私自身の研究成果も含めていますので、いわば合法的に自分の研究の自慢話をできる場であるといっても過言ではありません[7]。

また、少人数のゼミなどでは実際に学生が心理学の研究を進めますが、そのスーパーバイザーとしてその学生の発表に基づき提案や指導を行います。これは言い換えればトップダウンの指示とも言えます[8]。

つまり、このような環境は、ダークトライアドが高い傾向はある程度受け入れられますし、むしろ求められる場合もあります。当然、そのためには大学院まで進学し、成果を公表し……、といったプロセスを経る必要があるのですが、個人プレイで研究を進めたり（サイコパシーが高い人の特徴）、公表する機会があるときに「自分の発表聞いて聞いて！　すごいでしょ！」（ナルシシズムが高い人の傾向）とみんなの前で発表することが、改善のコメントをもらったり名前を覚えてもらったりと、ポジティブに働いたりします。もちろん、失敗すれば悪名がとどろくというリスクもありますが。

私の例は特殊ではあるかもしれませんが、要するに、ある程度であれば、ダークトライアドが高いことが不利益にならない環境はなくはないということです。スポーツの領域もそうですし、学校場面ではまとめ役を担ったり、職業においても利益重視や個人主義の環境であれば、ダークトライアドが高くてもさほど生きにくさを感じにくいかもしれません。

7 自虐的に書いたが、当然、実際に自慢しているわけではない。教育目的に照らして紹介する研究は取捨選択し、教育目的に照らしてどの部分がどのようにポイントとなるのかを解説している。

8 もちろん、実際にはトップダウン的にすべてを私が指示しているのではなく、学生の興味・関心に基づき選択肢を提案し、学生はそれらの提案や、他の学生からの提案を吟味して、最終的にはその学生自身が意思決定するというやり方で進めている。

ダークトライアド傾向を低めようとするならば、第3章のように、精神疾患だと診断され、そのための治療を受ける、という手段も考えられます。

しかし、このような治療は患者側が治そうと意識して初めて効果が発揮されます。たとえば、不安症と診断された多くの人（不安が高くて日常生活がままならない人）は、それを治そうとする欲求があります。ゆえに、医師の指示に従い、治療がうまくいくのです。

一方で、ダークトライアドが高い人はそもそもそれを低めたい（治したい）という欲求はあまりありません。したがって、ダークトライアドが高いことに対する治療がどこまで効果的であるのかは、その人が治そうという意思を維持できるかどうかにかかっています。

なお、パーソナリティ障害そのものを治すのではなく、問題行動（たとえばお酒の飲みすぎ、タバコの吸いすぎ、薬物使用）が生じないように、ピンポイントに治療する、ということは有効かもしれません。

▼ダークトライアド特性が強い人は、自分の性格をどのようにとらえているのか？

ダークトライアドが高い人は、自分の性格をどのようにとらえているのでしょうか？

表 14 各パーソナリティの自己評価と他者評価

	自分の評価	他者の評価
マキャベリアン	概してネガティブにとらえている ・支配性（自己主張や優越感）が低い ・配慮が低い ・社交性が低い ・知能が低い ・保守的である（低い開放性）	・支配性が低い ・社交性が低い ・保守的である （低い開放性）
ナルシシスト	概してポジティブにとらえている ・支配性が高い ・社交性が高い ・知能が高い ・新しいものを受け入れがち（高い開放性） ・まじめできっちりしている（高い勤勉性）	・率直さが低い （自意識過剰である）
サイコパス	ポジティブにとらえる部分と ネガティブにとらえる部分がある ・支配性が高い ・新しいものを受け入れがち（高い開放性） ・情緒的に安定している（低い神経症傾向） ・配慮が足りない ・ルーズでだらしない（低い勤勉性）	・支配性が高い ・配慮が足りない ・率直さが低い ・ルーズでだらしない （低い勤勉性）

これに注目した研究から、各ダークトライアドによって、自分について特有のとらえ方をすることが明らかにされました（Rauthmann, 2012）。

実はこの研究では、自己評価だけでなく、ランダムに組んだペアによる他者評価も測定されました。そして、他者からは、自分たちが思っているようには評価されていないことも同時にわかりました。そこで、各ダークトライアドが自分をどのようにとらえるのか、他者にどのようにとらえられるのかを表14にまとめてみました。

表を見ると、ナルシシズムが高い人は自分をポジティブに、マキャベリアニズムが高い人は自分をネガティブにとらえ、サイコパシーが高い人はネガティブ・ポジティブのいずれの要素もあるというふうにとらえていました。

しかし、他者から見た姿では、マキャベリアンとサイコパスは一致していましたが、ナルシシズムが高い人は自己認識と他者からの認識に大きな差異があることがわかります。つまり、ナルシシストは自分を本来よりもポジティブだととらえていて、そのつもりで他者に関わるので、他者から見れば、「言うほどすごくない」というふうにとらえられてしまっているのかもしれません。

マキャベリアニズムが高いと支配性が低い、という自己認識は意外に思われるかもしれません。しかし、支配性とは、自己主張や他者に対する優越感を追求する傾向であって、現実場面でリーダーシップをとっているとか高いステータスの職業についているなどとは無関係です。マキャベリアンは裕福に暮らすための富やステータスを求め、そのために手段は選ばない、というものでした。そのため、自己主張や他者へのマウントをとりたいと思わず、むしろそういう他者との関わりそのものを煩わしく思っているのかもしれません。

▼ダークトライアドが低い人も生きづらいのか？

かつてほど「競争社会」の弊害は語られなくなりましたが、資本主義社会の中で生きている以上、多かれ少なかれ、そこには競争原理が働いています。

そう考えると、ダークトライアド傾向が強い人の中には、経済的な成功を収める人がいるでしょう。たとえば、サクセスフルサイコパスの例としてスティーブ・ジョブズを挙げましたが（↓80ページ）、各ダークトライアドがお互いに関連していることを考えれば、ダークトライアドとしても高い得点を示すでしょう。また、ドナルド・トランプ大統領も、ダークトライアドが高い人物としてよく挙げられます（Nai et al., 2019）。

一方、ダークトライアド傾向が低い人は、搾取される側になりやすいのでしょうか？ダークトライアドの中心的な特徴は、冷淡で他者操作的、そして自己中心的であることです。言い換えれば、ダークトライアド特性が弱い人は、このような傾向が低い人です。つまり、温かく人に対して共感的で、他者のことを優先しがちな傾向を持つ人、といえるでしょう。

先述したビッグ・ファイブ・パーソナリティとの関連性からも、ダークトライアド傾向が弱い人の特徴をうかがい知ることができます。最も重要なポイントは、調和性の高さ（利他的で共感的、自分のことよりも他者を優先する傾向）です。他には、勤勉性の高さ（自分をコントロールしていて規則正しい生活様式、真面目）が挙げられるでしょう。

現代社会、特に日本においては、ダークトライアドが弱い人は基本的には生きやすい世の中だと考えられます。現代の日本では、多くの場合は他者との関わりあいを避けられません。また、他者に嫌われがちな人よりも好かれる人のほうがより多くの利益が得られます。それは直接的・間接的な物理的利益である金銭的な援助、人脈、信頼といったものだけではなく、精神的健康に結びつくような関係性も含まれます。

さらには、ダークトライアドが低い人は、高い人に比べて犯罪にも手を染めにくいということも、これまでの説明からわかります。したがって、社会的な意味では、あるいは少なくとも客観的にはダークトライアドが低いほうが生きやすいといえるのです。

しかし、ダークトライアドが低すぎると、逆に言えば利他性が高すぎると、他者の優先性が極端になる可能性があります。この点について対処することが、ダークトライアドが極端に低い人が生きやすくなるためのポイントといえそうです。

ダークトライアドが高い人の生きづらさに関して述べたとおり、性格を変えることは非常に困難です。もちろん、長期的に見れば変化させることはできますが、思い立って意識したからといってすぐに変えられるわけではありません。

あとがき

異なった意味で言葉が独り歩きしないために

本書では、なんとなく敬遠したり憧れたりするダークなパーソナリティというものが、実際にはどのような性質なのか、そしてどのような行動パターンや考え方を示しやすいのかをひもといてみました。

「サイコパス」や「ナルシスト」[1]といった言葉は、少しポップな響きがあり、サブカルチャーで頻繁に目にするので、人によってはなじみがあったかもしれません。しかし、その実態を見て、イメージや直観とは違うと感じた方も多いのではないでしょうか。

実は、このような学術的な説明と一般社会の認識の乖離《かいり》は非常に重要で、特に研究者として情報を発信するときに熟慮しなければならないポイントなのです。

SNSの発達といえばシンプルですが、事はそう単純ではありません。インターネットの登場により、誰でも多くの情報が手に入るようになりました。

1　本書では正確なカタカナ訳として「ナルシシスト」（narcissist）と記載した。

2ちゃんねる（現在は5ちゃんねる）をはじめとする匿名掲示板では誹謗中傷などありつつも、有益なものも含めてさまざまな情報交換が瞬時になされてきました。前略プロフィールでは簡単に個人情報が開示されていました。Ｍｉｘｉのコミュニティではそのテーマに特化したさらにディープな情報が手に入りました。Ｆａｃｅｂｏｏｋでは、基本はプライベートな人々同士のつながりを前提としていましたが、現在はむしろ全体公開という形で全世界の人々と情報を共有するツールです。ニコニコ動画からＹｏｕＴｕｂｅまで、動画サイトでは星の数ほどの人々がさまざまな情報を発信し、また受信しています。スマートフォンになってからは、Ｔｗｉｔｔｅｒ（現在のX）、ＩｎｓｔａｇｒａｍやＴｉｋＴｏｋをはじめとするさらに手軽に情報交換ができる環境が整いました。そしてこれらのツールはほんの一部であるというのも驚くべきことです。

このような情報化社会では、情報が簡単に手に入ることと引き換えに、その情報の真偽や適切な判断が必要になります。

しかし、特に心理学など目に見えないものを扱う領域の専門用語はこのような潮流と相性が悪く、本来の意味とは異なる意味で独り歩きし、しかもそれが急速に広まって一般化するという事態が発生し、かつそれが差別用語として成立します。サイコパス、ＨＳＰ、メンヘラ、統失、池沼などなど。これらはいずれも多くの人が思い描くものとは異なるものです（本書でもサイコパスとＨＳＰについて触れています）。

実はこの企画をいただいたときに、お受けするかどうかを非常に迷いました。なぜなら、右記のような誤り、つまり学術的な知見が誇張されたり、専門用語が不適切に使用されてしまう可能性を危惧したからです。

しかし、研究者が明らかにしてきたことが、学術界という閉ざされた範囲でしか通用しないのであれば、それはそれで研究の意義が問われる大問題です。何らかの形で「正確な」専門用語とそれにかかわる知見を紹介し、社会の人々がより豊かになる可能性の一つとして公開していく必要があります。したがって、研究者としての記述を一般書としてわかりやすい形に構成、編集してもらうことで、学術と一般社会との橋渡しになるのであれば……、本書はまさにそのような気持ちで執筆を決断しました。

そのため、まえがきにも書きましたが、善悪や「〇〇すべき」ということには言及せず、事実と視点を伝えることに注力しました。少なくとも、ダークトライアドというパーソナリティが、さまざまな個人特徴のうちの１つであり、それ以上でも以下でもなく、しかし特徴的な行動パターンをもたらす心の働きであるということに気づいてもらえたらうれしいです。

参考・引用文献

第一章

Paulhus, D. L. (2014). Toward a taxonomy of dark personalities. Current Directions in Psychological Science, 23(6), 421-426.

Paulhus, D. L., & Williams, K. M. (2002). The dark triad of personality: Narcissism, Machiavellianism, and psychopathy. Journal of research in personality, 36(6), 556-563.

Miller, J. D., Hyatt, C. S., Maples - Keller, J. L., Carter, N. T., & Lynam, D. R. (2017). Psychopathy and Machiavellianism: A distinction without a difference?. Journal of personality, 85(4), 439-453.

Rauthmann, J. F., & Kolar, G. P. (2013). The perceived attractiveness and traits of the Dark Triad: Narcissists are perceived as hot, Machiavellians and psychopaths not. Personality and Individual Differences, 54, 582-586.

Hare, R. D. (1980). A research scale for the assessment of psychopathy in criminal populations. Personality and individual differences, 1(2), 111-119.

Vernon, P. A., Villani, V. C., Vickers, L. C., & Harris, J. A. (2008). A behavioral genetic investigation of the Dark Triad and the Big 5. Personality and individual Differences, 44(2), 445-452.

Veselka, L., Schermer, J. A., & Vernon, P. A. (2011). Beyond the big five: The dark triad and the supernumerary personality inventory. Twin Research and Human Genetics, 14(2), 158-168.

第2章

Hirschi, A., & Jaensch, V. K. (2015). Narcissism and career success: Occupational self-efficacy and career engagement as mediators. Personality and Individual Differences, 77, 205-208.

Campbell, W. K., Hoffman, B. J., Campbell, S. M., & Marchisio, G. (2011). Narcissism in organizational contexts. Human resource management review, 21(4), 268-284.

Dalton, D., & Radtke, R. R. (2013). The joint effects of Machiavellianism and ethical environment on whistle-blowing. Journal of business ethics, 117, 153-172.

Bereczkei, T., Birkas, B., & Kerekes, Z. (2010). The presence of others, prosocial traits, machiavellianism. Social Psychology.

Jonason, P. K., Slomski, S., & Partyka, J. (2012). The Dark Triad at work: How toxic employees get their way. Personality and individual differences, 52(3), 449-453.

Jones, D. N., & Mueller, S. M. (2021). Is Machiavellianism dead or dormant? The perils of researching a secretive construct. Journal of Business Ethics, 1-15.

Dahling, J. J., Whitaker, B. G., & Levy, P. E. (2009). The development and validation of a new Machiavellianism scale. Journal of management, 35(2), 219-257.

Spurk, D., Keller, A. C., & Hirschi, A. (2016). Do bad guys get ahead or fall behind? Relationships of the dark triad of personality with objective and subjective career success. Social psychological and personality science, 7(2), 113-121.

González-Hernández, J., Cuevas-Campos, R., Tovar-Gálvez, M. I., & Melguizo-Rodríguez, L. (2020). Why negative or positive, if it makes me win? Dark personality in Spanish competitive athletes. International journal of environmental research and public health, 17(10), 3504.

Vaughan, R. S., & Madigan, D. J. (2021). The winner takes it all: The mediating role of competitive orientations in the Dark Triad and sport task performance relationship. European Journal of Sport Science, 21(8), 1183-1192.

Babiak, P., Neumann, C. S., & Hare, R. D. (2010). Corporate psychopathy: Talking the walk. Behavioral sciences & the law, 28(2), 174-193.

Quow, K. L. (2013). An introspective analysis of the etiological relationships of psychopathy in serial killers and successful business men. Modern Psychological Studies, 19(1), 9.

Eisenbarth, H., Hart, C. M., & Sedikides, C. (2018). Do psychopathic traits predict professional success? Journal of Economic Psychology, 64, 130-139.

Lilienfeld, S. O., Latzman, R. D., Watts, A. L., Smith, S. F., & Dutton, K. (2014). Correlates of psychopathic personality traits in everyday life: Results from a large community survey. Frontiers in psychology, 5, 740.

Lilienfeld, S. O., Waldman, I. D., Landfield, K., Watts, A. L., Rubenzer, S., & Faschingbauer, T. R. (2012). Fearless dominance and the US presidency: implications of psychopathic personality traits for successful and unsuccessful political leadership. Journal of personality and social psychology, 103(3), 489–505.

Smith, S. F., Lilienfeld, S. O., Coffey, K., & Dabbs, J. M. (2013). Are psychopaths and heroes twigs off the same branch? Evidence from college, community, and presidential samples. Journal of Research in Personality, 47(5), 634–646.

Rauthmann, J. F., & Kolar, G. P. (2013). Positioning the Dark Triad in the interpersonal circumplex: The friendly-dominant narcissist, hostile-submissive Machiavellian, and hostile-dominant psychopath?. Personality and individual differences, 54(5), 622–627.

橋本泰央・小塩真司 (2016). 対人円環モデルに基づいた IPIP-IPC-J の作成．心理学研究，87(4), 395–404.

Jonason, P. K., & Fletcher, S. A. (2018). Agentic and communal behavioral biases in the Dark Triad traits. Personality and Individual Differences, 130, 76–82.

Jauk, E., Neubauer, A. C., Mairunteregger, T., Pemp, S., Sieber, K. P., & Rauthmann, J. F. (2016). How Alluring Are Dark Personalities? The Dark Triad and Attractiveness in Speed Dating. European Journal of Personality.

Holtzman, N. S., & Strube, M. J. (2013). People with dark personalities tend to create a physically attractive veneer. Social Psychological and Personality Science, 4, 461–467.

Rauthmann, J. F., Kappes, M., & Lanzinger, J. (2014). Shrouded in the Veil of Darkness: Machiavellians but not narcissists and psychopaths profit from darker weather in courtship. Personality and Individual Differences, 67, 57–63.

第3章

Christoffersen, D., & Stamp, C. (1995). Examining the relationship between Machiavellianism and paranoia. Psychological reports, 76(1), 67–70.

O'Boyle, E. H., Forsyth, D., Banks, G. C., & Story, P. A. (2013). A meta-analytic review of the Dark Triad–intelligence connection. Journal of Research in Personality, 47(6), 789–794.

Michels, M. (2021). General Intelligence and the Dark Triad. Journal of Individual Differences.

Kowalski, C. M., Kwiatkowska, K., Kwiatkowska, M. M., Ponikiewska, K., Rogoza, R., & Schermer, J. A. (2018). The Dark Triad traits and intelligence: Machiavellians are bright, and narcissists and psychopaths are ordinary. Personality and Individual Differences, 135, 1-6.

Miao, C., Humphrey, R. H., Qian, S., & Pollack, J. M. (2019). The relationship between emotional intelligence and the dark triad personality traits: A meta-analytic review. Journal of Research in Personality, 78, 189-197.

Walker, S. A., Double, K. S., & Birney, D. P. (2021). The complicated relationship between the dark triad and emotional intelligence: A systematic review. Emotion Review, 13(3), 257-274.

Aluja, A., Garcia, L. F., Rossier, J., Ostendorf, F., Glicksohn, J., Oumar, B., ... & Hansenne, M. (2022). Dark triad traits, social position, and personality: a cross-cultural study. Journal of Cross-Cultural Psychology, 53(3-4), 380-402.

Jonason, P. K., Valentine, K. A., Li, N. P., & Harbeson, C. L.. (2011). Mate-selection and the Dark Triad: Facilitating a short-term mating strategy and creating a volatile environment. Personality and Individual Differences, 51, 759-763.

Brewer, G., Hunt, D., James, G., & Abell, L. (2015). Dark Triad traits, infidelity and romantic revenge. Personality and Individual Differences, 83, 122-127.

Jones, D. N., & Weiser, D. A. (2014). Differential infidelity patterns among the Dark Triad. Personality and Individual Differences, 57, 20-24.

Kardum, I., Hudek-Knezevic, J., Schmitt, D. P., & Grundler, P. (2015). Personality and mate poaching experiences. Personality and Individual Differences, 75, 7-12.

Jonason, P. K., Li, N. P., Buss, D. M. (2010). The costs and benefits of the dark triad: Implications for mate poaching and mate retention tactics. Personality and Individual Differences, 48, 373-378.

Jonason, P. K., Lyons, M., & Blanchard, A. (2015). Birds of a "bad" feather flock together: The Dark Triad and mate choice. Personality and Individual Differences, 78, 34-38.

Barelds, D. P., Dijkstra, P., Groothof, H. A., & Pastoor, C. D. (2017). The Dark Triad and three types of jealousy: Its' relations among heterosexuals and homosexuals involved in a romantic relationship. Personality and Individual Differences, 116, 6-10.

Beckett, N., & Longpré, N. (2024). The dark tetrad in relationships: sexual coaxing, sexual coercion and rape myth acceptance.

Journal of Sexual Aggression, 1-18.

Galán, M., Pineda, D., Rico-Bordera, P., Martínez-Martínez, A., & Piqueras, J. A. (2024). The influence of dark personality and pornography on sexual aggression beliefs. Frontiers in Psychology, 15, 1471438.

Jonason, P. K., Girgis, M., & Milne-Home, J. (2017). The exploitive mating strategy of the Dark Triad traits: Tests of rape-enabling attitudes. Archives of sexual behavior, 46, 697-706.

Kiire, S. (2017). Psychopathy rather than Machiavellianism or narcissism facilitates intimate partner violence via fast life strategy. Personality and Individual Differences, 104, 401-406.

Gunnoo, A., Jackson, M., & Saling, L. L. (2024). The dark triad, dating app use and online disinhibition positively predict technology-facilitated sexual violence perpetration. Journal of Criminology, 26338076241254844.

Mekenkamp, D. J. B., Kleijn, M., & Weller, J. The influence of Psychopathy, Narcissism and Sociosexuality on Sex and Violent Offenders.

Balcioglu, Y. H., Dogan, M., Incı, I., Tabo, A., & Solmaz, M. (2024). Understanding the dark side of personality in sex offenders considering the level of sexual violence. Psychiatry, psychology and law, 31(2), 254-273.

Baughman, H. M., Jonason, P. K., Veselka, L., & Vernon, P. A. (2014). Four shades of sexual fantasies linked to the Dark Triad. Personality and Individual Differences, 67, 47-51.

Jonason, P. K., & Tost, J. (2010). I just cannot control myself: The Dark Triad and self-control. Personality and Individual Differences, 49(6), 611-615.

Kiire, S. (2019). A "fast" life history strategy affects intimate partner violence through the Dark Triad and mate retention behavior. Personality and Individual Differences, 140, 46-51.

Kiire, S. (2020). Structure of the Mini-kj and its utility for measuring fast life history traits in Japanese undergraduate students. Evolutionary Psychology, 18(1), 1474704919900633.

Moroń, M., Kajdzik, M., & Janik, K. (2024). Signaling high sensitivity: The roles of sensory processing sensitivity, assertiveness, and the dark triad. Journal of Pacific Rim Psychology, 18, 18344909241266759.

Ok, E., Qian, Y., Strejcek, B., & Aquino, K. (2021). Signaling virtuous victimhood as indicators of Dark Triad personalities. Journal of personality and social psychology, 120(6), 1634.

第4章

Connolly, P. H. (2006). Psychological functioning of bondage/domination/sado-masochism (BDSM) practitioners. Journal of Psychology & Human Sexuality, 18(1), 79-120.
Buckels, E. E., Trapnell, P. D., & Paulhus, D. L. (2014). Trolls just want to have fun. Personality and individual Differences, 67, 97-102.
Fernández-del-Río, E., Ramos-Villagrasa, P. J., & Escartín, J. (2021). The incremental effect of Dark personality over the Big Five in workplace bullying: Evidence from perpetrators and targets. Personality and individual differences, 168, 110291.
Russell, M. (2019). A functional perspective on everyday sadism.
Buckels, E. E., Jones, D. N., & Paulhus, D. L. (2013). Behavioral confirmation of everyday sadism. Psychological science, 24(11), 2201-2209.
下司忠大・陶山智・小塩真司・大束忠司．(2019). サディズムとスポーツにおける競技成績との関連——駆け引き上手を媒介変数として．パーソナリティ研究, 27(3), 263-265.
Greitemeyer, T. (2022). Dark personalities and general masochistic tendencies: Their relationships to giving and receiving sexualized pain. Acta psychologica, 230, 103715.
Moshagen, M., Hilbig, B. E., & Zettler, I. (2018). The dark core of personality. Psychological review, 125(5), 656.
Marcus, D. K., & Zeigler - Hill, V. (2015). A big tent of dark personality traits. Social and Personality Psychology Compass, 9(8), 434-446.
Jonason, P. K., Zeigler-Hill, V., & Okan, C. (2017). Good v. evil: Predicting sinning with dark personality traits and moral foundations. Personality and individual Differences, 104, 180-185.
Osumi, T., & Ohira, H. (2010). The positive side of psychopathy: Emotional detachment in psychopathy and rational decision-making in the ultimatum game. Personality and individual differences, 49(5), 451-456.

第5章

Sanecka, E. (2017). The dark side of social media: Associations between the Dark Triad of personality, self-disclosure online and selfie-related behaviours. The Journal of Education, Culture, and Society, 8(2), 71-88.

Moor, L., & Anderson, J. R. (2019). A systematic literature review of the relationship between dark personality traits and antisocial online behaviours. Personality and individual differences, 144, 40-55.

Baughman, H. M., Jonason, P. K., Lyons, M., & Vernon, P. A. (2014). Liar liar pants on fire: Cheater strategies linked to the Dark Triad. Personality and Individual Differences, 71, 35-38.

Wright, G. R., Berry, C. J., Catmur, C., & Bird, G. (2015). Good liars are neither 'dark'nor self-deceptive. PloS one, 10(6), e0127315.

Jonason, P. K., Lyons, M., Baughman, H. M., & Vernon, P. A. (2014). What a tangled web we weave: The Dark Triad traits and deception. Personality and Individual Differences, 70, 117-119.

Roeser, K., McGregor, V. E., Stegmaier, S., Mathew, J., Kübler, A., & Meule, A. (2016). The Dark Triad of personality and unethical behavior at different times of day. Personality and Individual Differences, 88, 73-77.

Baughman, H. M., Dearing, S., Giammarco, E., & Vernon, P. A. (2012). Relationships between bullying behaviours and the Dark Triad: A study with adults. Personality and Individual Differences, 52(5), 571-575.

Dåderman, A. M., & Ragnestål-Impola, C. (2019). Workplace bullies, not their victims, score high on the Dark Triad and Extraversion, and low on Agreeableness and Honesty-Humility. Heliyon, 5(10).

Fernández-del-Río, E., Ramos-Villagrasa, P. J., & Barrada, J. R. (2020). Bad guys perform better? The incremental predictive validity of the Dark Tetrad over Big Five and Honesty-Humility. Personality and Individual Differences, 154, 109700.

Tam, H. L., & Ha, N. M. The Impact of Employee's Dark-Triad traits on Workplace Bullying: A study in Viet Nam.

木川智美・今城周造 (2022). 日常生活における他者操作方略が操作者自身に及ぼす影響―年長者も含めた検討―. 昭和女子大学生活心理研究所紀要, 24, 51-62.

Fontanesi, L., Marchetti, D., Cosi, G., Facchino, A. P., & Verrocchio, M. C. (2024). Dark personality and emotional abuse in intimate relationships: the role of gender, jealousy and attitude for violence. RASSEGNA ITALIANA DI CRIMINOLOGIA, (1),

049-058.
Douglass, M. D., Stirrat, M., Koehn, M. A., & Vaughan, R. S. (2023). The relationship between the Dark Triad and attitudes towards feminism. Personality and Individual Differences, 200, 111889.
Pineda, D., Galán, M., Piqueras, J. A., & Jonason, P. K. Four Routes to Being an Unwanted as a Mate the Dark Tetrad Traits, Self-Esteem, Misogyny, and Sex Differences. Self-Esteem, Misogyny, and Sex Differences.
Navas, M. P., Maneiro, L., Cutrín, O., Gómez-Fraguela, J. A., & Sobral, J. (2022). Sexism, moral disengagement, and dark triad traits on perpetrators of sexual violence against women and community men. Sexual Abuse, 34(7), 857-884.
Brewer, G., Lyons, M., Perry, A., & O'Brien, F. (2021). Dark triad traits and perceptions of sexual harassment. Journal of Interpersonal Violence, 36(13-14), NP7373-NP7387.
Porter, S., Bhanwer, A., Woodworth, M., & Black, P. J. (2014). Soldiers of misfortune: An examination of the Dark Triad and the experience of schadenfreude. Personality and Individual Differences, 67, 64-68.
Jonason, P. K., Wee, S., Li, N. P., & Jackson, C. (2014). Occupational niches and the Dark Triad traits. Personality and Individual Differences, 69, 119-123.
Kowalski, C. M., Vernon, P. A., & Schermer, J. A. (2017). Vocational interests and dark personality: Are there dark career choices?. Personality and individual differences, 104, 43-47.
Kijak, M. (2016). Investigating the Dark Triad in relation to rareer choices, job satisfaction and career suitability.
Vedel, A., & Thomsen, D. K. (2017). The Dark Triad across academic majors. Personality and Individual Differences, 116, 86-91.
Kalestan, Z. J., Salahiyan, A., & Nasrollahi, B. (2024). Modeling Dark Personality Traits Based on Childhood Traumas with the Mediation of Guilt, Anxiety, and Depression. Journal of Adolescent and Youth Psychological Studies (JAYPS), 5(3), 83-90.
Merlușcă, B. I., & Chiracu, A. (2018). The role of adverse childhood experiences, self control and Dark Triad in the development of criminal behaviour. Correlative and differential aspects. Studia Doctoralia, 9(1), 18-37.
Taylor, E. K. (2021). The influence of childhood adversity, resiliency, and attachment on dark triad traits (Doctoral dissertation, Faculty of Arts, University of Regina).
Jonason, P. K., Lyons, M., & Bethell, E. (2014). The making of Darth Vader: Parent-child care and the Dark Triad. Personality

and individual differences, 67, 30-34.
Jonason, P. K., Icho, A., & Ireland, K. (2016). Resources, harshness, and unpredictability: The socioeconomic conditions associated with the Dark Triad traits. Evolutionary Psychology, 14(1), 1474704915623699.
Xu, X., Kwan, H. K., Wei, F., & Wang, Y. (2024). Who is likely to be ostracized? The easy target is the Dark Triad. Asia Pacific Journal of Management, 1-28.

第6章

田村紋女・小塩真司・田中圭介・増井啓太．(2015). 日本語版 Dark Triad Dirty Dozen (DTDD-J) 作成の試み．パーソナリティ研究，24(1), 26-37.
下司忠大・小塩真司．(2017). 日本語版 Short Dark Triad (SD3-J) の作成．パーソナリティ研究，26(1), 12-22.
Rauthmann, J. F. (2012). The Dark Triad and interpersonal perception: Similarities and differences in the social consequences of narcissism, Machiavellianism, and psychopathy. Social Psychological and Personality Science, 3(4), 487-496.
Nai, A., Martínez i Coma, F., & Maier, J. (2019). Donald Trump, populism, and the age of extremes: Comparing the personality traits and campaigning styles of Trump and other leaders worldwide. Presidential Studies Quarterly, 49(3), 609-643.

喜入 暁　きいれ さとる

博士（心理学）。周南公立大学総合教育部准教授。日本心理学会、日本社会心理学会、日本人間行動進化学会、日本パーソナリティ心理学会、日本犯罪心理学会に所属。

進化心理学的にさまざまな心理的メカニズム、特に、身体的魅力、配偶戦略、ダークトライアド傾向（サイコパシー傾向、ナルシシズム傾向、マキャベリアニズム傾向）、親密なパートナーへの暴力、プロファイリングについて研究している。

著書に『パートナーに対する暴力のメカニズム：Dark Triad と生活史戦略による個人差に対するアプローチ』（風間書房）ほか、共著に『テキスト　司法・犯罪心理学』（北大路書房）がある。

心の中の悪魔

2025年 2月 14日　初版発行

著　　者　　喜入 暁
発 行 者　　太田 宏
発 行 所　　フォレスト出版株式会社
〒162-0824
東京都新宿区揚場町2-18　白宝ビル7F
電　　話　　03-5229-5750（営業）
03-5229-5757（編集）
U R L　　http://www.forestpub.co.jp
印刷・製本　　日経印刷株式会社

ISBN978-4-86680-302-9　Printed in Japan